AI와 유통 비즈니스

AI문고

인공지능 시대입니다. 기계가 인간의 인지를 대신하고, 사물이 인간을 통하지 않고 다른 사물과 직접 커뮤니케이션합니다. 이에 따른 인간 삶과 문명 변화를 정확히 이해 · 예측 · 대응하는 것은 이 시대 우리 모두의 과제입니다. AI문고는 인공지능 기술과 환경의 여러 주제를 10가지 키워드로 정리합니다. 관련 개념과 이론, 학계와 산업계의 쟁점, 우리 일상의 변화를 다룹니다. 인간과 기술의 현재, 미래를 세심히 분석합니다.

일러두기

· 인명, 작품명, 저서명, 개념어 등은 한글과 함께 괄호 안에 해당 국가의 원어를 병기했습니다.
· 외래어 표기는 현행 어문규정의 외래어표기법을 따랐습니다.

처음이세요?

전문가세요?

AI와 유통 비즈니스

장중호

대한민국, 서울, 커뮤니케이션북스, 2025

AI와 유통 비즈니스

지은이 장중호
펴낸이 박영률

초판 1쇄 펴낸날 2025년 4월 14일

커뮤니케이션북스(주)
출판 등록 2007년 8월 17일 제313-2007-000166호
02880 서울시 성북구 성북로 5-11
전화(02) 7474 001, 팩스(02) 736 5047
commbooks@commbooks.com
www.commbooks.com

ISBN 979-11-7307-933-7 03500

책값은 뒤표지에 표시되어 있습니다.

차례

AI와 유통의 만남, 변화의 시작

AI와 유통이 만난다면

2022년 말, 챗GPT(ChatGPT)의 등장은 전 세계적으로 AI에 대한 관심을 폭발적으로 증가시켰다. AI의 역사를 거슬러 올라가면 1950년대부터 시작이 되고, 필자가 AI로 공학박사 학위를 받은 시점도 1996년으로 거의 30년 전이니, AI란 기술은 상당히 오래된 것이다. 하지만 최근 2~3년 간 AI의 발전과 영향력은 과거 50년 동안 발생한 것보다도 훨씬 크고 파괴력이 있는 것 같다. 이전의 AI는 주로 사람의 보고 듣고 읽고 판단하는 등의 인식과 판단 영역, 소위 판별 AI(Discriminative AI)라고 불리는 영역에 국한되었지만 GPT가 쏘아올린 생성 AI(Generative AI)의 혁신으로 이제는 AI가 단순한 질문 응답이나 판단을 넘어 텍스트 생성, 이미지와 영상 제작, 음악 작곡 등 창의적인 작업까지 수행할 수 있다는 사실에 모든 사람들이 경이로움을 느끼고 있다. 얼마 지나지 않아 소위 AI의 완성체라고 부를 수 있는 인공일반지능(AGI, Artificial General Intelligence)의 시대가 열릴 것으로 많은 이들은 예측하며 미래에는 AI가 상당 기간 모든 산업과 비즈니스의 흥망성쇠를 좌지우지할 것으로 보인다.

반면에 수천 년의 역사를 자랑하는 유통 산업은 인류 문명의 발전과 더불어 진화했다. 과거의 단순한 상거래를 위한 시장과 상점에서부터 발전해서 슈퍼마켓, 백화점, 대형마트, 편의점 등으로 오프라인 유통의 저변이 확대되고, 급기야 인터넷과 모바일의 발전에 힘입은 온라인 커머스의 전성시대가 펼쳐지고 있다. 하지만 10년 전까지는 유통업의 성장세가 유망하고, 유통 비즈니스의 미래에 대한 긍정적인 기류가 있었던 반면, 지금의 국내외 유통 산업은 빅테크를 기반으로 한 몇몇 온라인 기업들을 제외하고는 암울하기 짝이 없다. 필자가 약 15년 전 국내 최대 대형마트의 마케팅 및 전략 담당 임원으로 있었을 당시엔 엄청난 자신감을 기반으로 비즈니스 확장에 대한 많은 도전을 했다. PB 상품을 기반으로 한 자체적인 다양한 브랜드 사업을 키우고, 창고형 마트와 새로운 초저가 업태를 만들고, 중국이나 베트남 등 해외에 진출하고, 온라인 쇼핑에 대한 투자도 과감하게 진행했다. 그때는 정말 회사 다닐 맛이 났으며, 우리나라의 유통 혁신을 주도한다는 자부심이 있었다.

그러나 10년 이상이 지난 지금, 현재의 성적표는 초라하기 짝이 없다. 매출은 거의 역성장으로 돌아섰으며, 영업이익은 적자로 돌아서고, 주가는 거의 반의 반토막이 났다. 이 것은 어느 특정 유통 기업의 경영 실패 이슈가 아니다. 국내 거의 모든 전통적인 유통 기업들의 공통된 상황이다. 국내를 넘어 수출을 기반으로 한 시장 성장이 가능한 제조업 등과는 달리, 내수 산업으로 국내 시장 소비자들의 소비와 경기와 밀접한 유통업의 특성상 최근 10년간 코로나로 인한 소비의 변화, 전 세계적인 인플레이션과 소득 감소, 우크라이나 전쟁을 비롯한 국제 정세 불안으로 인한 소비와 경기 침체, 특히 성장세가 꺾여버린 국내 경기와 더불어 거의 인구 소멸이라고 불릴 만큼 심각한 인구 감소와 노령화를 당해 낼 유통 기업은 그 어디에도 없다.

하지만 인간의 실생활과 가장 밀접한 유통업은 끊임없이 혁신하고 발전하며 수천년을 버텨 왔다. 지금과 같은 침체기와 어려운 시기는 늘 반복적으로 있어 왔으며, 수많은 전쟁과 기아, 질병, 때로는 신대륙의 발견, 산업혁명 등 엄청난 인간 세계의 변화에 맞추어 진화했다. 앞으로의 유통 비즈니스의 혁신과 진화의 키워드를 많은 전문가들과 학자들은 AI에서 찾는다. 이것은 유통업에만 국한된 것은 아니지만, 수백 년, 수천년 간의 인류의 생활과 생각, 삶의 방식을 바꿔 온 많은 인자들과는 비교하기 어려울 만큼 앞으로 펼쳐질 AI의 변화가 가장 큰 영향을 미칠 것이기 때문이다. AI, 특히 초거대 AI로 인해 생길 인간 삶의 변화에 유통 비즈니스는 어느 산업보다도 가장 잘 적응하고, 새로운 것을 창조해 내고 선도해야 한다. 지금 어쩌면 절망적인 상황에 있는 유통 기업들이 AI의 물결에 올라탄다면, 새로운 성장의 전환기를 맞이할 것이다. 하지만 이러한 흐름을 타지 못하고 과거의 방식과 비즈니스 모델에 집착한다면, 10년도 되지 않아 우리가 익숙하게 듣던 유통 기업들의 이름은 우리 뇌리에서 사라질 것이다. 크든 작든, 온라인 기반이든 오프라인 기반이든 모든 유통 비즈니스 사업자들은 이제부터 AI에 목숨을 걸어야 한다. 그리고 열심히 공부하고, 작은 것부터 활용해 가야 한다. AI의 도입은 결코 어려운 것이 아니다. 알고 제대로 공부를 한다면 말이다. 하지만 남의 말만 듣고, 시키는 대로만 하고 남의 것들을 모방하고 흉내만 낸다면, 돈과 시간만 낭비하고, 실패할 확률이 가장 높은 것 또한 AI인 것은 틀림이 없다.

AI를 제대로 이해하기

지피지기면 백전백승이라고, 먼저 과연 AI란 무엇인지

간단하게 알아보고자 한다. AI, 즉 인공지능의 역사는 1950년대 컴퓨터 기술의 본격적인 등장과 함께 시작했다. 이 시기 AI 연구는 컴퓨터가 단순한 계산 기계를 넘어 인간처럼 사고하고 판단할 수 있는 가능성을 탐구하는 데 초점을 맞췄다. 초기 AI는 수학적이고 통계적인 접근 방식을 기반으로 발전했으며, 당시 개발된 알고리즘들은 제한된 컴퓨팅 자원과 데이터 속에서도 이론적으로 중요한 기반을 제공했다. 나이브 베이즈(Naive Bayes), K-최근접 이웃(K-Nearest Neighbors, KNN), 의사 결정 나무(Decision Tree)와 같은 알고리즘은 데이터를 수학적으로 분석하고 패턴을 예측하거나 분류하는 데 초점을 맞추었다. 이러한 알고리즘은 현대 AI 기술의 기초를 형성하며 머신러닝 개념을 체계화하는 데 중요한 역할을 했다. 그러나 이 시기의 연구는 곧바로 여러 한계에 직면했다. 당시의 컴퓨터 성능은 오늘날과 비교할 수 없을 정도로 낮았으며, 데이터의 양과 질도 제한적이었다. 연구자들은 이론적으로 의미 있는 결과를 얻었지만, 이를 실질적으로 활용하기에는 기술적 자원이 부족했다. 이러한 상황은 AI가 이론적 가능성에 머무르는 원인이 되었고, 실제 응용으로 발전하지 못하는 결과를 낳았다.

1980년대까지 이러한 연구는 학문적 실험과 소규모

데이터 분석에 국한되었으며, 대규모 산업적 응용으로 확장되지는 못했다. 1970년대에 이르러 인간의 뇌 구조를 모방하려는 시도가 AI 연구에 큰 변화를 가져왔다. 신경망(Neural Network)이라는 새로운 개념이 도입되면서 AI 연구는 데이터를 처리하고 학습하는 방식을 인간의 신경망 구조와 유사하게 설계하려는 방향으로 발전했다. 다층 퍼셉트론(MLP, Multi-Layer Perceptron)은 이러한 신경망의 초기 형태로, 입력값에 다양한 가중치를 적용해 출력값을 생성하는 구조를 갖추었다. 그러나 MLP를 포함한 초기 신경망 기술은 학습 과정에서 심각한 문제를 겪었다. 신경망이 데이터를 학습하려면 오차를 측정하고 이를 기반으로 가중치를 조정해야 하는데, 이를 효율적으로 처리할 알고리즘이 부재했다. 게다가 여전히 컴퓨터의 처리 능력은 이러한 복잡한 계산을 감당하기에 부족했다. 이로 인해 1980년대에 이르러 AI 연구는 'AI 겨울(AI Winter)'이라 불리는 정체기를 맞게 되었다. 신경망의 가능성은 이론적으로 매우 유망했지만, 이를 실제로 구현할 기술적 자원이 부족했다. 연구자들은 신경망의 잠재력을 알고 있었음에도 이를 실질적으로 적용하거나 응용할 수 있는 기반이 부족했기 때문에 연구는 점차 주류에서 멀어졌다. AI에 대한 관심과 투자가 급감하면서, 많은 연구자들이 다른 분야로 이동하거나 연구를 중단하기도 했다.

그러던 와중에 드디어 1986년, 토론토대학의 제프리 힌턴 교수가 역전파(Backpropagation) 알고리즘을 발표하며 인공지능 연구는 새로운 전환점을 맞이했다. 역전파 알고리즘은 신경망 학습 과정에서 발생하는 오차를 계산하고 이를 각 층으로 전달해 가중치를 조정하는 방식으로, 신경망이 점진적으로 학습할 수 있는 기반을 마련해 주었다. 이 발견은 신경망의 학습 효율성을 크게 높이며 AI 연구를 활성화하는 계기가 되었다. 힌턴 교수의 연구는 기술적 난관을 극복하며 AI의 가능성을 다시 주목받게 만들었다. 이러한 역사적 공로를 인정받아 2024년 제프리 힌턴 교수는 노벨 물리학상을 수상했다.

필자가 미국으로 컴퓨터공학을 전공하러 간 것도 1993년, 한창 새롭게 등장한 역전파 알고리즘에 기반한 인공지능 연구가 활발히 진행되던 때로 필자는 이 알고리즘을 기반한 컴퓨터 비전 기술을 개발하고 이를 통해 와인 병마개인 코르크의 품질 분류 시스템을 개발해 공학박사 학위를 취득했다. 그러나 여전히 본격적인 인공지능의 시대는 여러 제약, 특히 컴퓨터 파워의 한계로 인해 다양한 산업계로 전파되지는 못했다. 필자가 연구한 텍사스주립대학에 있던 슈퍼컴퓨터의 연산 용량이 지금 일반인들이 가지고 있는 게임용 노트북의 연산 용량에도 미치지 못하던 시기였기 때문이다.

딥러닝 시대의 개막

2000년대 들어서면서 점차 이루어진 컴퓨터 기술의 혁신적 발전과 GPU의 대중화로 AI의 학습에 들어가는 시간과 노력에 대한 개선이 본격화되던 2006년, 힌턴 교수는 다층 신경망 구조를 가진 제한된 볼츠만 머신(RBM, Restricted Boltzmann Machines)을 제시하며 딥러닝(Deep Learning) 시대를 열었다. RBM은 여러 층으로 구성된 신경망을 통해 데이터를 계층적으로 처리하며 학습할 수 있는 능력을 갖추었다. 이러한 구조는 딥러닝의 핵심 개념으로 자리 잡았으며, AI 연구의 방향을 근본적으로 변화시켰다. 딥러닝은 특히 이미지와 음성 데이터를 분석하는 데 강점을 보였으며, 컴퓨터 비전과 자연어 처리와 같은 분야에서 혁신적인 성과를 이끌어 냈다. 딥러닝의 발전은 다양한 새로운 알고리즘들의 탄생으로 이어졌다. 합성곱 신경망(CNN, Convolutional Neural Networks)은 이미지 데이터를 처리하는 데 최적화된 구조로, 자율주행차와 의료 영상 분석 등 다양한 응용 분야에서 핵심적인 역할을 하고 있다. 순환 신경망(RNN, Recurrent Neural Networks)은 시간에 따른 데이터의 연속성을 처리하는 데 강점을 가진 알고리즘으로, 음성 인식과 언어 번역 같은 응용 분야에서 널리 사용되고 있다. 결과적으로 딥러닝은 데이터와 컴퓨팅 파워의 발전에 힘입어 AI의 혁신적 잠재력을 현실로 만들어 냈다. 이는 학계와 산업계를 아우르며 다양한 분야에서 AI 기술이 필수적으로 자리 잡는 계기가 되었다.

2014년, 이언 굿펠로(Ian Goodfellow)는 생성적 적대 신경망(GAN, Generative Adversarial Networks)을 개발하며 AI의 발전에 새로운 전환점을 가져왔다. GAN은 데이터를 생성하는 생성자(Generator)와 데이터를 구별하는 판별자(Discriminator)라는 두 모델이 경쟁적으로 학습하며 점차 정교한 데이터를 생성하는 구조로 설계되었다. GAN의 등장은 다양한 응용 분야에서 혁신적인 변화를 일으켰다. 가상 인간 캐릭터 제작은 엔터테인먼트와 마케팅 산업에서 주목받는 분야로, GAN을 활용해 영화나 게임에 사용되는 사실적인 가상 인물을 생성할 수 있게 되었다. 딥페이크 기술은 얼굴 변환과 음성 합성을 통해 가짜 영상이나 오디오를 생성하는 데 사용되며, 이는 긍정적인 활용뿐만 아니라 부정적인 사회적 문제를 유발하기도 했다. 엔터테인먼트 콘텐츠 생성에서는 GAN이 예술 작품, 음악, 비디오 등을 자동으로 제작하는 데 활용되며, 인간의 창의적 활동을 보조하거나 대체하는 역할을 하고 있다.

2018년에는 오픈AI(OpenAI)가 GPT(Generative Pre-trained Transformer)를 발표하며 생성 AI의 가능성을 또 한 번 확장시켰다. GPT는 텍스트 데이터를 학습해 문맥을 이해하고 새로운 문장을 생성할 수 있는 모델로, 자연어 처리(NLP) 분야에서 획기적인 성과를 거두었다. 초기 모델인 GPT-1은 텍스트 생성의 가능성을 보여 주는 데 성공했으며, 이후 GPT-2와 GPT-3는 학습 데이터의 규모와 모델 크기를 크게 확장하며 성능을 비약적으로 향상시켰다. GPT-3는 1750억 개의 파라미터를 기반으로 복잡한 문맥을 이해하고 고품질의 텍스트를 생성하는 데 성공하며, 상용화 가능성을 크게 높였다. 특히 2022년, 오픈AI는 GPT-3.5 기반의 챗GPT(ChatGPT)를 공개하며 AI 대화 모델의 대중화를 이끌었다. 챗GPT는 자연스러운 대화와 고도화된 언어 이해 능력을 통해 다양한 사용자 요구를 충족할 수 있는 모델로, 고객 서비스, 교육, 콘텐츠 제작 등 다양한 분야에 활용되고 있다. GPT-4는 텍스트뿐만 아니라 이미지를 함께 처리할 수 있는 멀티모달 기능을 갖추며, 생성 AI의 응용 범위를 더욱 확장했다. 이는 AI가 텍스트와 시각 정보를 결합해 복합적인 문제를 해결하고, 새로운 형태의 데이터를 생성할 수 있음을 보여 주는 중요한 진전이다.

GAN과 GPT의 등장은 AI가 단순히 데이터를 분석하고 분류하는 기술을 넘어 창의적인 활동을 수행하고 새로운 데이터를 생성하는 기술로 진화했음을 보여 준다. 생성 AI는 예술, 엔터테인먼트, 마케팅, 교육, 의료 등 다양한 분야에서 혁신적인 변화를 일으키고 있으며, 앞으로도 인간의 창조적 활동을 보조하거나 확장할 가능성을 가진 기술로 기대를 모으고 있다. AI는 이제 인간과 협력하며 새로운 가치를 창출하는 파트너로 자리 잡아 가고 있다. 최근 몇 년간 AI 연구의 초점은 개별 알고리즘의 발전에서 대규모 모델을 기반으로 한 파운데이션 모델(Foundation Model)의 시대로 이동하고 있다. GPT-3, GPT-4와 같은 거대 언어 모델은 방대한 데이터셋에서 학습해 일반화된 지식을 생성할 수 있는 능력을 보여 주며, AI가 특정 문제에 국한되지 않고 다양한 응용 분야에서 활용될 수 있는 가능성을 열었다. 파운데이션 모델은 방대한 양의 데이터를 사전 학습해 다양한 문제를 해결할 수 있는 범용적 능력을 갖춘 AI 시스템이다.

이는 기존 AI가 특정 작업에 맞게 개별적으로 설계되고 훈련되던 방식과는 대조적이다. GPT-3와 같은 모델은 텍스트 생성, 번역, 요약, 질의 응답 등 여러 작업을 하나의 모델로 수행할 수 있다. 이는 AI가 특정 문제에 국한되지 않고 다양한 응용 분야에서 적응적으로 사용될 수 있는 가능성을 열어 준다.

현재 오픈AI, 구글 딥마인드(Google DeepMind), 메타 AI(Meta AI), 그리고 앤스로픽(Anthropic)과 같은 글로벌 AI 리더들은 점점 더 큰 규모의 파운데이션 모델을 개발하고 있다. 이러한 모델은 수조 개의 파라미터를 기반으로 복잡한 작업을 수행할 수 있으며, 텍스트와 이미지를 함께 처리하는 멀티모달 기능을 통해 AI의 응용 가능성을 한층 넓혔다. AI는 멀티모달 기능을 통해 텍스트, 이미지, 오디오, 비디오 등 다양한 형태의 데이터를 통합적으로 처리하며, 의료 영상 분석, 스마트 시티 관리, 교육 콘텐츠 생성 등 다양한 분야에서 포괄적이고 복합적인 문제를 해결할 수 있는 능력을 제공하고 있다. 이러한 기술 발전은 산업 간 경계를 허물고 AI 활용의 가능성을 극대화하는 데 기여하고 있다. AI는 인간의 사고와 창의력을 확장하는 도구로 자리 잡았다. AI의 발전은 판별 AI에서 시작해 생성 AI와 파운데이션 모델로 이어지며, 단순히 기술적 진보에 그치지 않고 인간과의 협업과 상호 작용을 중심으로 한 새로운 패러다임을 열고 있다. 앞으로 AI는 더욱 정교해지고 범용적으로 발전하며, 인간의 삶과 산업을 혁신하는 데 중요한 역할을 할 것이다. 기술적 진보와 윤리적 고려가 함께 이루어진다면, AI는 진정한 의미의 인공지능으로 완성에 가까워질 것이다.

유통 비즈니스의 구원자, AI

반면에 AI를 통해 새로운 발전의 전기를 마련할 국내외 유통 비즈니스의 현황에 대해서 좀 더 자세히 알아보고자 한다. 국내외의 유통업은 디지털 혁명, 고객 라이프스타일의 변화, 글로벌 경쟁 심화 등으로 인해 근본적인 변화를 겪고 있으며, 여기에 가파른 인건비 상승과 인구 구조 변화에 따른 경기 및 소비 침체라는 추가적인 문제까지 직면하고 있다. 기존 공급자 중심 체계가 소비자 중심 체계로 전환되면서 고객 맞춤형 경험과 실시간 대응이 중요한 경쟁 요소로 자리 잡고 있다. 모바일과 디지털 플랫폼의 확산으로 소비자는 언제 어디서나 상품 정보를 검색하고 구매할 수 있는 환경에 익숙해졌다. 이에 따라 전통적인 유통 모델은 온라인과 오프라인의 경계를 허물고, 옴니채널 전략을 통해 소비자에게 일관된 경험을 제공하는 방향으로 나아가고 있다.

특히나 가파른 인건비 상승은 유통업체들에 심각한 재정적 압박을 가하고 있다. 우리나라를 비롯한 인건비가 높은 선진국에서는 가파른 최저임금 인상과 함께 인건비 부담이 꾸준히 증가하고 있다. 이러한 변화는 매장 운영 비용을 상승시키며, 전통적인 노동 집약적 유통업체들에 큰 부담을 주고 있다. 또한 인구 구조 변화는 유통업체의 소비자 기반과 수익 모델에 큰 영향을 미치고 있다. 고령화와 저출산으로 인해 소비자의 연령 분포가 변화하면서 젊은 층을 대상으로 한 유통 전략과 고령층을 위한 맞춤형 서비스가 동시에 필요해졌다. 예를 들어 1인 가구 증가로 인해 소형 포장 제품이나 간편식에 대한 수요가 급증하고 있으며, 고령층 소비자들은 간단하고 접근 가능한 쇼핑 환경을 선호하고 있다. 필자가 대형마트 마케팅 임원으로 있던 약 15년 전에 대형 마트의 기본적인 운영 비용을 커버하면서 비즈니스 모델이 지속 가능하기 위해서는 4인 가족 기준의 쇼핑이 기반이 되고 최소한 오프라인 장바구니당 구매 금액이 10~20만 원이 되어야 했다. 지금은 4인 가구의 비중이 현저히 낮아졌으며, 장바구니당 평균 금액도 5만 원 이하로 내려간 지 오래다.

그리고 디지털 및 모바일 플랫폼을 통한 비즈니스가 확산되면서 제조사와 유통사 간의 파워 다이내믹스도 변화하고 있다. 과거 유통사는 제조사와 소비자를 연결하는 중간자 역할을 하며 제조사보다 우위의 입장에 있었다면, 현재는 다양한 디지털 플랫폼의 부상으로 제조사들이 직접 소비자와 소통하며 제품을 판매하는 D2C (Direct-to-Consumer) 모델이 확산되고 있다. 이를 통해 제조사들은 다양한 채널을 통해 직접 판매를 하고 고객 데이터를 직접 확보하며 브랜드 충성도를 강화하고 있어 유통사의 제조사에 대한 장악력은 점차 낮아지고, 이는 상품 가격이나 마진 등의 협상에서 점차 불리하게 작용하고 있다. 전통적인 오프라인 유통 기업과 온라인 강자 간의 경쟁 또한 갈수록 치열해지고 있다. 전자 상거래 플랫폼은 낮은 운영비와 무제한 상품 선택, 빠른 배송을 바탕으로 시장 점유율을 빠르게 확대하고 있다. 코로나19 팬데믹은 이러한 변화를 가속화했으며, 오프라인 유통 기업은 매출 감소와 고객 감소라는 어려움에 직면하고 있다. 이를 극복하기 위해 많은 오프라인 기업이 디지털 전환과 옴니채널 전략을 채택하고 있으며, 매장을 체험형 공간으로 전환하거나 온라인 플랫폼과 연계해 고객 접점을 확대하고 있다. 반면 온라인 강자들은 물리적 접점을 보완하기 위해 오프라인 매장으로 진출하고 있으며, 이를 통해 온·오프라인 통합 전략을 강화하고 있다. 유통업이 직면한 주요 이슈 중 또 하나는 글로벌 공급망의 불안정이다. 코로나19 팬데믹, 지정학적 갈등, 기후 변화 등의 요인은 물류비 상승, 공급 지연, 원자재 가격 급등 등의 문제를 초래하고 있다. 이는 특히 재고 관리와 배송 효율성이 중요한 유통업체들에 큰 고민이 되고 있다. 그리고 해외 직구로 대표되는 온라인 유통을 통한 전 세계 유통 시장의 경계가 없어지는 것 또한 심각한 어려움이다. 알리익스프레스, 테무, 쉬인 등으로 대표되는 중국 C-커머스 공룡들의 전 세계 점령은 우리나라뿐 아니라 미국, 유럽 등 모든 국가의 토종 유통사들을 잔뜩 긴장시키고 있다.

앞서 언급한 수많은 유통 비즈니스 기업이나 사업자들이 극복해야 할 과제들은 많지만, 전 세계의 산업과 비즈니스의 패러다임, 그리고 일반적인 사람들의 라이프 방식까지도 변화시키고 있는 AI를 통해 많은 문제들을 해결하고, 이전에는 없던 새로운 유통의 형태와 고객 및 제조사와의 관계 설정을 통해 발전의 단초를 찾을 수 있을 것이다. 유통 비즈니스 성공의 가장 핵심 요소는 시대가 변한다 하더라도 변화하는 시장 환경과 소비자 요구에 얼마나 유연하고 신속히 대응할 수 있는지에 달려 있다. AI를 필두로 한 적극적인 디지털 기술의 활용과 데이터 중심의 경영 환경 구축은 전통적인 비즈니스 모델에서 벗어나 새로운 기회를 탐색하고 기술과 고객 중심 전략을 결합하는 기업에게는 미래 유통업에서 경쟁 우위를 확보할 기회를 제공한다.

이 책은 AI가 유통 산업에 가져올 변화와 이를 실질적으로 활용하기 위한 전략을 제시한다. AI가 유통 비즈니스 가치 사슬(Value Chain)의 각 단계에서 어떻게 적용되고 있는지, 이를 통해 기업이 얻을 수 있는 성과가 무엇인지를 다양한 사례와 함께 탐구할 것이다. AI는 단순한 효율화 도구를 넘어 유통 산업의 새로운 비즈니스 모델을 창출하며, 소비자와 기업 모두에게 가치를 제공할 것이다. 독자들이 이 책을 통해 유통 비즈니스의 새로운 시대를 준비하고, AI와 함께하는 미래를 그려 가는 데 필요한 실질적인 인사이트를 얻기를 기대한다.

01
유통 비즈니스 패러다임의 진화

유통 비즈니스는 기술 발전과 소비자 행동 변화에 따라 진화하며 유통 4.0 시대에 진입했다. AI, IoT, 빅데이터, 클라우드 등 디지털 기술이 유통 구조를 재편하고 고객 경험을 혁신하고 있다. 유통 4.0 시대는 온 · 오프라인 통합 옴니채널과 디지털 기술을 통해 유통의 효율성과 소비자 만족을 극대화하며 산업의 새로운 미래를 열고 있다. 이러한 변화의 중심에는 AI가 있다. 유통 패러다임의 진화 방향에 대해 살펴본다.

AI와 1인 창업?

유통 비즈니스의 진화

수천 년 전부터 인간의 문명과 늘 함께 발전해 온 유통 산업은 기술 발전과 소비자 행동 변화에 따라 끊임없이 진화해 왔다. 특히 최근 몇 년간의 디지털 혁신은 유통 산업의 모든 단계를 재구성하며 새로운 패러다임을 만들어 냈다. 오늘날 우리는 유통 4.0 시대에 진입하며, 인공지능, 사물인터넷(IoT), 빅데이터, 클라우드 컴퓨팅 등 4차 산업혁명의 기술들이 유통 산업 전반을 혁신하는 것을 목격하고 있다. 이러한 변화는 판매 방식을 개선하거나 효율성을 높일 뿐만 아니라 유통의 근본적인 구조와 프로세스를 디지털화하고 최적화하며, 고객 경험을 획기적으로 향상시키는 데 초점을 맞추고 있다.

유통 1.0 시대는 수천 년 전부터 1970년대까지 이어진 초기의 유통 형태로, 전통적인 상점과 재래 시장을 기반으로 소비자들이 물리적 공간을 방문해 상품을 구매하는 방식이 일반적이었다. 이 시기의 유통은 지역 사회 중심의 경제 활동으로, 유통망은 기술적, 물리적 한계로 인해 지역에서 제한적으로 이루어졌다. 재래 시장과 상점은 단순히 상품을 거래하는 공간만이 아니라 지역 주민 간 정보와 사회적 상호작용이 이루어지는 중요한 장소였다. 소비자에게 제공되는 상품은 지역 내에서 생산된 것이 대부분이었으며, 먼 지역에서 오는 상품은 드물고 고가였다. 이러한 한계는 유통의 효율성에 영향을 미쳐, 상품 유통 과정에서 손실이 자주 발생하고, 이는 상품 가격 상승의 주요 원인이 되었다. 상인은 유통의 주요 연결고리로, 생산자와 소비자를 연결하며 상품과 새로운 정보를 지역에 소개했다. 그러나 운송 수단과 저장 기술의 부족은 유통의 효율성을 떨어뜨리는 주요 요인이었다. 1960~1970년대 들어 대량 생산과 소비의 시대가 도래하며 기존 유통 구조의 한계가 드러나기 시작했고, 교통 및 통신 기술의 발달과 함께 유통 1.0 시대의 종말과 새로운 유통 모델의 부상을 맞이하게 되었다.

유통 2.0 시대는 1980년대부터 2000년대 초까지 대형 마트, 편의점과 백화점, 쇼핑 센터의 등장으로 대량 구매와 다양한 상품 선택이 가능해진 시기다. 소비자들은 한 곳에서 다양한 상품을 구매할 수 있는 편리함을 누리게 되었으며, 이러한 변화는 유통망의 확장과 경제 성장에 크게 기여했다. 대형 마트는 방대한 상품 선택지와 저렴한 가격으로 소비자의 구매 효율성을 높였으며, 편의점은 도시화와 함께 빠르고 간편한 구매 경험을 제공하며 일상 필수 공간으로 자리 잡았다. 백화점과 쇼핑 센터는 쇼핑뿐 아니라 레저와 외식을 포함한 라이프스타일 공간으로 진화하며 소비자들에게 새로운 경험을 선사했다. 이 시기를 주도한 대표적인 기업으로는 미국의 월마트, 영국의 테스코, 일본의 이토요카도, 한국의 이마트 등이 있다. 이들은 대규모 유통망을 통해 오프라인 유통의 황금기를 열며, 소비자들에게 쇼핑의 즐거움과 편리함을 제공했다. 물류 시스템과 교통 인프라의 발전은 이러한 유통망의 성장을 뒷받침했다. 그러나 대형 유통점의 확장은 지역 소규모 상점의 생존을 위협했으며, 상권 독점과 같은 사회적 문제도 야기했다. 소비자 트렌드 변화와 디지털화의 흐름 속에서 유통업은 새로운 혁신의 필요성을 느끼게 되었고, 이는 이후 유통 3.0 시대로의 전환을 예고했다.

유통 3.0 시대는 2000년대 초부터 2010년대 말까지 인터넷과 전자 상거래의 본격적인 부상으로 유통업이 급격히 변화를 맞이한 시기다. 이 시기에는 소비자들이 시간과 공간의 제약을 넘어 언제 어디서나 상품을 검색하고 구매할 수 있는 환경을 누리게 되면서 온라인 쇼핑이 주요 구매 방식으로 자리 잡았다. 이러한 변화는 유통업 전반에 걸쳐 기존 오프라인 중심 구조를 뒤흔들며, 새로운 비즈니스 모델과 생태계를 만들어 냈다. 전자 상거래의 등장과 확산은 소비자 행동의 근본적인 변화를 이끌었다. 과거에는 소비자들이 물리적 매장을 방문해 상품을 구매하는 것이 일반적이었다면, 유통 3.0 시대에는 온라인 플랫폼을 통해 더 많은 상품 정보를 얻고, 가격 비교를 하고, 손쉽게 구매할 수 있는 환경이 조성되었다. 특히 인터넷 쇼핑몰과 모바일 커머스는 소비자들에게 편리성과 선택의 폭을 제공하며 쇼핑의 개념을 새롭게 정의했다. 이 시기의 대표적인 온라인 유통 기업들로는 미국의 아마존, 이베이, 영국의 오카도, 중국의 알리바바, 한국의 쿠팡과 G마켓 등이 있다. 아마존은 방대한 상품군, 효율적인 물류 네트워크, 고객 중심의 서비스로 전 세계 전자 상거래 시장을 선도했으며, 알리바바는 중국 내수 시장을 기반으로 글로벌 전자 상거래 강자로 자리 잡았다. 한국의 쿠팡은 '로켓배송'을 통해 빠른 배송 문화를 정착시키며 국내 전자 상거래의 새로운 기준을 제시했다. 이와 함께 G마켓과 같은 오픈마켓 플랫폼은 중소규모 사업자와 소비자를 직접 연결하는 생태계를 구축하며 다양한 상품과 가격 경쟁력을 제공했다.

이전과는 다른 이 시대의 한 가지 특징은 전통적인 유통 업체와 온라인 유통 기업 간의 경계가 분명히 구분되었다는 점이다. 온라인 플랫폼은 빠른 확장과 낮은 운영비를 바탕으로 급성장했지만, 많은 전통적인 오프라인 유통 업체는 이러한 디지털 전환에 뒤처지며 어려움을 겪었다. 오프라인 매장은 여전히 고객 경험의 중요한 역할을 했지만, 온라인에서 제공되는 상품의 다양성과 가격 경쟁력에 대응하기 위해 서둘러 디지털화를 추진해야 하는 압박을 받게 되었다.

또한 유통 3.0 시대는 디지털 플랫폼 기업들의 부상과 함께 소비자와의 접점을 확장하는 데 큰 진전을 이루었다. 구글, 유튜브, 메타(페이스북과 인스타그램), 네이버, 카카오와 같은 디지털 플랫폼은 광고와 마케팅의 중심이 되었으며, 소비자의 구매 여정에서 중요한 역할을 담당했다. 이러한 플랫폼은 소비자 데이터를 활용해 맞춤형 광고와 추천 시스템을 제공하며, 브랜드와 소비자 간의 상호작용을 강화했다. 특히 소셜 미디어와 전자 상거래가 결합하면서 소셜 커머스라는 새로운 형태의 유통 모델이 등장했다. 소비자들은 소셜 미디어에서 제품을 발견하고, 리뷰를 참고하며, 플랫폼 내에서 직접 구매까지 진행할 수 있는 통합적인 쇼핑 경험을 누릴 수 있었다. 이와 함께 모바일 커머스의 확산은 유통 3.0 시대를 더욱 가속화했다. 스마트폰의 보급률이 급증하며 소비자들은 모바일 앱을 통해 상품을 검색하고 구매하는 데 익숙해졌다. 모바일 쇼핑은 특히 젊은 세대에게 인기 있는 구매 채널로 자리 잡았으며, 빠르고 간편한 결제 시스템과 함께 성장했다. QR 코드, NFC 결제와 같은 기술은 모바일 쇼핑의 편리함을 더욱 강화했으며, 이는 유통 4.0 시대의 옴니채널 전략의 기초가 되었다.

유통 4.0 시대

2020년대 초부터는 유통 4.0 시대라고 불리며, 온 · 오프라인 경계를 허물고, 온 · 오프라인이 통합된 옴니채널 모델을 중심으로 유통 산업을 재구성하고 있다. 이러한 변화는 기술 발전과 소비자 요구가 결합한 결과로, 고객 경험의 질적 향상과 데이터 기반의 효율적인 운영을 가능하게 하고 있다. 소비자들은 이제 온라인 쇼핑의 편리함과 오프라인 매장의 체험적 요소를 결합한 새로운 쇼핑 경험을 기대하며, 유통 업체들은 이러한 변화를 반영해 옴니채널 전략을 적극적으로 도입하고 있다. 신세계의 SSG닷컴이나 롯데 ON 등은 온라인 플랫폼과 오프라인 매장을 유기적으로 연결해 소비자들에게 다양한 쇼핑 옵션을 제공하려고 사활을 걸고 있다. 물론 쉽지는 않지만 이러한 옴니채널 전략은 소비자 데이터의 통합적 활용을 통해 일관된 서비스를 제공하며, 고객의 요구를 더 효과적으로 충족한다.

유통 4.0의 중심에는 다양한 디지털 기술이 자리 잡고 있다. AI는 유통 산업의 모든 영역에서 핵심 기술로 사용되며, 소비자 데이터를 기반으로 수요 예측, 개인화된 추천, 가격 최적화 등을 수행한다. 이를 통해 기업은 의사 결정의 정확성과 효율성을 높이고, 고객에게 더 나은 서비스를 제공할 수 있다. 사물인터넷(IoT)은 매장, 물류센터, 소비자 가정에서 데이터를 실시간으로 수집하고 연결해 효율적인 운영을 가능하게 한다. IoT를 활용한 스마트 매장은 매장 내 상품 상태를 실시간으로 모니터링하고 최적화된 운영 환경을 제공한다. 이러한 기술은 유통 업체가 소비자의 요구를 더욱 신속하게 반영할 수 있도록 돕는다.

또한 빅데이터는 유통 산업에서 전략적 의사 결정을 지원하는 다른 중요한 요소다. 소비자의 행동 패턴과 시장 트렌드를 분석해 기업이 새로운 기회를 포착하고 효과적인 전략을 수립할 수 있도록 한다. 빅데이터를 활용해 소비자에게 적합한 상품을 추천하고 개인화된 쇼핑 경험을 제공하며 만족도를 높이고 있다. 클라우드 컴퓨팅은 데이터를 안전하게 저장하고 효율적으로 관리할 수 있는 기술로, 유통 업체들이 데이터 중심의 전략을 실행하는 데 중요한 역할을 한다. 이 기술은 언제 어디서나 데이터에 접근 가능하게 해 유연하고 민첩한 운영을 가능하게 한다. 로봇 및 자동화 기술도 유통 4.0에서 빠질 수 없는 핵심 요소다. 물류센터에서 로봇은 피킹과 패킹 작업을 자동화하며, 인건비를 절감하고 작업 속도를 크게 향상한다. 많은 글로벌 유통사들이 이러한 기술을 활용해 물류 프로세스를 최적화하고 있으며, 국내에서도 유통 대기업들이 AI와 자동화를 활용한 예측 배송 시스템으로 빠르고 정확한 배송 서비스를 제공하고 있다. 또한 블록체인은 공급망의 투명성을 강화하며 소비자가 제품의 출처와 품질을 신뢰할 수 있게 한다. 이는 유통업체와 소비자 간의 신뢰를 강화하고 브랜드 가치를 높이는 데 중요한 역할을 한다.

이처럼 유통 4.0은 기술 발전과 소비자 중심의 접근을 통해 유통 산업의 새로운 미래를 열고 있다. 유통 업체들은 디지털 전환과 데이터 중심의 전략을 통해 새로운 가치를 창출하고 경쟁력을 강화해야 한다. 유통 4.0은 유통 산업의 근본적인 변화를 이끌며 소비자와 기업 모두에게 새로운 가능성을 열어 주고 있다. AI와 디지털 기술은 유통 산업의 미래를 결정짓는 핵심 엔진으로, 앞으로 유통 비즈니스의 성공 여부는 이러한 기술을 얼마나 효과적으로 활용하느냐에 달려 있다.

02
유통 비즈니스 가치 사슬 이해하기

유통 산업의 경쟁력을 결정짓는 핵심 구조인 유통 가치 사슬은 상품 기획부터 고객 경험까지 다섯 가지 주요 프로세스로 구성된다. 상품 머천다이징부터 마케팅, 매장 관리 및 물류 배송을 넘어 고객 경험과 서비스까지의 이 모든 과정은 최근의 AI와 디지털 기술로 운영 효율성을 극대화하며, 유통 업체의 지속가능한 성장을 지원한다. 그 프로세스의 본질을 이해해 보자.

AI와 MBTI?

다섯 가지 유통 가치 사슬

유통 산업은 상품이 기획되고 소비자에게 전달되기까지의 전 과정을 포함하며, 이를 통해 고객 가치를 창출하는 복잡한 과정을 거친다. 이 과정을 유통 가치 사슬(Value Chain)이라고 부르며, 각각의 단계는 독립적으로 중요한 역할을 수행하면서도 전체적으로 유기적으로 연결되어 있다. 유통 가치 사슬은 ① 상품 · 머천다이징, ② 마케팅, ③ 매장 관리, ④ 물류 · 배송, ⑤ 고객 경험 · 서비스라는 다섯 가지 주요 프로세스로 나눌 수 있으며, 각 프로세스는 유통 산업에서 필수적인 활동들을 포함하고 있다. 아래에서는 이 다섯 가지 유통 가치 사슬을 상세히 분석하고, 프로세스별 주요 활동과 과제를 살펴본다.

상품 · 머천다이징

상품 · 머천다이징 프로세스는 소비자 요구와 시장 트렌드를 기반으로 상품을 기획하고, 소싱하고, 매장에 배치하고, 적정 가격을 설정하고, 상품의 수명 주기를 관리하는 일련의 과정이다. 이 과정은 유통업의 성패를 좌우하며, 소비자 만족과 운영 효율성, 시장 경쟁력 확보를 목표로 한다.

먼저 상품 기획은 소비자 요구와 시장 트렌드 분석에

서 시작된다. 기존 인기 상품을 유지하고 새로운 상품 카테고리를 발굴하며, 구매 패턴, 계절적 요인 등을 고려해 차별화된 전략을 세운다. 이러한 기획은 유통 업체의 방향성과 경쟁력을 형성하는 중요한 기반이 된다. 수요 예측은 적정 재고를 유지하고 품절이나 과잉 재고로 인한 손실을 방지하는 과정으로, 과거 판매 데이터와 계절적 특성 등을 분석해 실행된다. 이를 통해 신선식품과 같은 민감한 카테고리에서도 운영 효율성과 고객 만족을 동시에 달성할 수 있다. 상품 소싱은 품질, 가격, 공급 안정성을 종합적으로 고려해 최적의 공급원을 발굴하고 계약을 체결하는 단계다. 공급자의 신뢰성과 성과를 검토하며, 안정적이고 지속 가능한 공급망을 구축하기 위해 대체 공급원을 끊임없이 발굴하고 협력 관계를 관리한다. 상품 가격 설정은 시장 경쟁력과 수익성을 동시에 고려해야 하며, 원가와 경쟁사의 가격 등을 기반으로 수립된다. 소비자 유입과 매출 증대를 위해 할인이나 프로모션 전략도 병행하며, 시장 변화에 따라 가격을 조정한다.

상품의 매장 배치는 소비자가 상품을 쉽게 찾고 구매할 수 있도록 설계되며, 주요 상품은 고객 동선의 핵심 지점에 배치한다. 연관 상품 배치와 시각적 디스플레이를 통해 구매를 유도하며, 매장 배치는 소비자 행동 데이터를 기반으로 지속적으로 개선된다. 상품 포트폴리오 관리는 다양한 상품군과 카테고리를 조화롭게 구성해 고객 요구를 충족하고 특정 카테고리에 대한 의존도를 줄이는 데 중점을 둔다. 상품 수명 주기 관리는 도입, 성장, 성숙, 쇠퇴 각 단계에서 적절한 전략을 수립해 상품의 성과를 극대화한다. 협력사 관리는 납기 준수와 품질 유지, 계약 이행 여부를 모니터링하며, 신뢰 기반의 파트너십을 통해 안정적인 공급망을 유지한다. 이러한 과정을 통해 유통 업체는 운영 효율성과 소비자 신뢰를 동시에 확보할 수 있다. 결론적으로 상품 머천다이징은 유통 업체의 경쟁력을 강화하고 소비자 만족을 극대화하는 데 중요한 역할을 하며, 각 단계는 유기적으로 연결되어 성공적인 상품 운영을 지원한다.

마케팅

유통 가치 사슬에서 마케팅은 소비자와의 접점을 관리하며, 브랜드와 상품을 효과적으로 전달하고 구매를 유도하는 중요한 역할을 한다. 브랜드 충성도와 장기적인 관계 구축을 목표로, 통합적이고 체계적인 전략을 통해 소비자와 기업 간의 연결을 강화한다.

고객 맞춤형 마케팅은 소비자의 행동과 선호를 반영

해 개인화된 경험을 제공한다. 구매 이력과 관심사를 기반으로 적합한 상품을 추천하거나, 맞춤형 메시지와 프로모션을 통해 구매 전환율과 고객 만족도를 동시에 높인다. 예를 들어 반복 구매 고객에게 할인 혜택이나 신제품 정보를 제공해 충성 고객으로 전환하도록 돕는다. 소셜 미디어를 활용한 맞춤형 광고는 소비자 데이터를 분석해 타깃 그룹을 설정하고, 개인화된 메시지를 전달함으로써 광고 효과를 극대화한다. 특정 지역이나 관심사를 기반으로 캠페인을 운영해 소비자와 더욱 밀접한 소통을 가능하게 한다.

브랜드 전략은 소비자와 신뢰를 구축하고 일관된 경험을 제공하는 데 중점을 둔다. 옴니채널 접근을 통해 온라인과 오프라인을 아우르는 통합된 쇼핑 경험을 제공하며 브랜드 이미지를 강화한다. 고객 충성도 프로그램은 구매 이력과 선호도를 기반으로 개인화된 혜택을 제공해 고객 만족을 높이고 재방문을 유도한다. 포인트 적립, 할인 쿠폰, 특별 이벤트 등을 통해 장기적인 관계를 강화한다. 결론적으로 개인화 추천, 맞춤형 광고, 타깃 마케팅, 충성도 프로그램은 마케팅의 핵심 요소로, 소비자 경험을 개선하고 기업의 경쟁력을 강화하는 데 기여한다.

매장 관리

유통업에서 매장 관리는 오프라인 매장과 온라인 쇼핑몰을 포함하며, 소비자와의 접점에서 쇼핑 경험을 최적화하고 운영 효율성을 극대화하는 데 초점을 맞춘다. 특히 온·오프라인 매장을 통합적으로 관리하는 것은 현대 유통 업체의 핵심 과제로 자리 잡고 있다. 오프라인 매장은 고객 동선을 고려한 레이아웃 설계와 상품 배치가 중요하다. 주요 상품을 눈에 띄는 위치에 배치하고 연관 상품은 가까이에 배치해 구매를 유도하며, 재고 관리를 통해 적정 재고를 유지한다. 온라인 쇼핑몰은 디지털 매장으로, 직관적인 카테고리 구조와 검색 기능, 개인화된 추천 시스템을 통해 소비자가 원하는 상품을 쉽게 찾고 구매 결정을 내릴 수 있도록 돕는다. 온·오프라인 매장을 통합하는 옴니채널 전략은 고객이 두 채널을 자유롭게 활용하며 일관된 쇼핑 경험을 누릴 수 있도록 한다. 온라인에서 확인한 상품을 매장에서 구매하거나, 매장에서 본 상품을 온라인으로 주문하는 방식이 대표적이다. 이를 위해 양 채널의 재고 데이터를 통합 관리하고 구매 여정을 추적하며, 결제 과정에서도 모바일 및 간편결제를 통해 고객 편의를 제공한다. 매장 관리는 상품 진열만이 아니라 재고 최적화와 수요 예측, 운영 계획을 통해 매출을 극대화하고, 무인 매장 등 혁신적인 모델로 확장되고 있다. 결론적으로 매장 관리는 소비자 기대에 부응하며 운영 효율성을 강화하고, 데이터와 기술을 활용해 유통 업체의 지속 가능한 성장을 지원한다.

물류 · 배송

물류와 배송은 유통 가치 사슬에서 상품이 소비자에게 전달되는 마지막 단계로, 유통업의 성공과 소비자 만족을 좌우하는 중요한 역할을 한다. 이 단계는 물류센터에서의 상품 처리부터 소비자에게 전달되기까지의 전 과정을 포함하며, 물리적 이동뿐 아니라 효율적인 관리와 계획이 필수적이다. 물류는 상품의 입고, 보관, 분류, 피킹, 패킹 등 다양한 과정을 포함한다. 입고는 공급 업체로부터 상품을 수령하고 검수하는 단계로, 물품의 손상 여부와 수량을 확인해 기록한다. 보관 단계에서는 상품의 특성에 따라 적절한 저장 공간을 지정하며, 냉장 · 냉동이 필요한 신선식품이나 유통기한이 짧은 제품이 우선적으로 관리된다. 분류는 주문 정보에 따라 상품을 분리하고 필요한 물량을 구분하는 과정으로, 이후의 피킹과 패킹 효율성을 좌우한다. 피킹은 주문에 맞는 상품을 선별해 준비하는 작업이며, 패킹은 이를 손상 없이 안전하게 소비자에게 전달하기 위해 포장하는 단계다. 이 모든 과정은 정확성과 신속성을 요구하며, 물류센터 내 작업자의 조직적 협업과 체계적인 관리가 중요하다.

배송은 상품이 소비자에게 전달되는 과정으로, 경로 계획과 라스트 마일 배송이 핵심 요소로 꼽힌다. 경로 계획은 물리적 거리뿐 아니라 각 지역의 배송 시간, 고객 요청 시간대, 배송 물량 등을 종합적으로 고려해 효율적인 순서를 정하는 단계다. 적절한 경로 설정은 배송 시간을 줄이고 연료비와 인건비를 절감할 수 있어 운영 효율성을 크게 높인다. 라스트 마일 배송은 물류와 배송의 최종 단계로, 상품이 소비자에게 직접 도달하는 과정을 뜻한다. 이는 고객 만족에 직접적인 영향을 미치며, 시간과 품질 관리가 특히 중요한 부분이다. 물류와 배송 과정에서는 재고 관리와 품질 관리도 중요하다. 재고 관리는 물류센터 내 상품의 수량과 위치를 정확히 파악하고, 주문량에 따라 적시에 보충하는 작업을 포함한다. 이를 통해 품절로 인한 고객 불만을 방지하고, 과잉 재고로 인한 비용 낭비를 줄일 수 있다. 품질 관리는 배송 과정에서 상품 손상이나 누락을 방지하기 위한 것으로, 포장 기준과 운송 환경의 세밀한 관리가 필요하다. 결론적으로 물류와 배송은 유통업체가 소비자와의 신뢰를 구축하고 운영 효율성을 높이는 데 필수적인 요소다. 물류센터 내의 체계적인 작업 관리와 효율적인 배송 계획을 통해 시간과 비용을 절감하면서도 소비자 기대를 충족할 수 있다. 각 단계가 유기적으로 연결되고 성공적으로 운영될 때, 물류와 배송은 유통 가치 사슬의 완성도를 높이는 핵심 역할을 한다.

고객경험 · 서비스

고객 경험 · 서비스는 소비자와의 상호작용을 통해 브랜드 신뢰를 구축하고 구매 경험을 최적화하는 데 중점을 둔다. 이 단계는 상품을 판매하는 것뿐만 아니라 소비자가 느끼는 전반적인 경험을 관리해 만족도와 충성도를 높이는 것을 목표로 한다. 고객 지원 서비스는 고객 경험의 핵심으로, 다양한 채널을 통해 소비자와 소통하며 문제 해결과 문의 응대에 중점을 둔다. 고객센터, 이메일, 실시간 채팅 등 여러 방식으로 소비자와 연결되어 신속하고 정확한 서비스를 제공한다. 특히 실시간 상담과 FAQ 시스템은 소비자가 필요한 정보를 빠르게 찾고 문제를 해결할 수 있도록 돕는다. 옴니채널 서비스는 온·오프라인 채널을 통합해 소비자에게 일관된 경험을 제공한다. 온라인에서 구매한 상품을 오프라인 매장에서

픽업하거나 매장에서 체험한 상품을 온라인으로 주문할 수 있는 서비스는 소비자 편의를 극대화하며, 쇼핑 여정 전반의 만족도를 높인다.

증강현실(AR)과 가상현실(VR) 기술은 고객 경험을 혁신적으로 변화시키는 도구로 활용되고 있다. 이러한 기술은 소비자가 가상 환경에서 상품을 체험할 수 있도록 지원하며 구매 결정을 돕는다. 가구를 구매할 때 AR을 통해 실제 공간에 가구를 배치해 보거나, VR을 통해 매장을 가상으로 탐험하며 상품을 둘러보는 방식은 소비자에게 새로운 쇼핑 경험을 제공한다. 이러한 몰입형 경험은 소비자가 상품에 대해 더 많은 정보를 얻고 신뢰를 형성하는 데 기여한다. 개인화된 서비스는 고객 경험을 더욱 강화한다. 고객의 구매 이력과 선호도를 분석해 맞춤형 상품 추천, 프로모션, 이벤트를 제공함으로써 소비자와의 정서적 연결을 강화한다. 특정 소비자 그룹을 대상으로 한 개인화된 혜택이나 알림은 소비자의 관심을 끌고 브랜드 충성도를 높이는 데 효과적이다. 결론적으로 고객 경험 · 서비스는 브랜드와 소비자 간의 관계를 강화하고, 긍정적인 인상을 남기며, 지속 가능한 충성도를 확보하는 데 중요한 역할을 한다. AR · VR과 같은 첨단 기술의 활용과 개인화된 접근은 현대 소비자가 기대하는 수준의 서비스를 제공하며, 유통 업체가 경쟁력을 유지하고 성장할 수 있도록 돕는다.

유통 가치 사슬의 각 단계는 독립적으로 중요한 역할을 수행하지만, 동시에 서로 긴밀하게 연결되어 전체 유통 시스템의 효율성을 극대화한다. 유통 업체들은 변화하는 환경에 적응하고 디지털 기술을 적극적으로 활용함으로써 새로운 경쟁력을 확보해야 한다. 앞으로 유통 산업의 성공 여부는 이 모든 영역에서 AI와 디지털 기술과 데이터를 얼마나 효과적으로 활용하느냐에 달려 있다.

03
유통 비즈니스 변화의 열두 가지 핵심 AI 기술

유통 가치 사슬은 AI 기술을 활용해 상품 기획부터 고객 경험까지를 혁신하고 있다. 수요 예측, 자동 발주, 개인화 추천, 가격 최적화, 배송 경로 최적화, 무인 매장, AR/VR, 챗봇, 데이터 분석 등 열두 가지 핵심 AI 기술은 운영 효율성과 고객 만족을 동시에 실현하며 유통업의 경쟁력을 강화한다. 각 기술은 유통의 5대 프로세스에 맞춰 최적화되며, 지속 가능한 성장과 새로운 비즈니스 모델 구축을 지원한다.

AI와 난임 극복?

열두 가지 핵심 유통 AI 기술 알아보기

유통 산업의 가치 사슬은 상품 기획부터 소비자에게 전달되기까지의 모든 과정을 포함하며, 각 단계에서 AI는 기존 한계를 극복하고 혁신을 이끄는 핵심 도구로 자리 잡고 있다. AI 기술은 비용 절감, 운영 효율화, 고객 경험 향상 등 다양한 목표를 실현하고 있으며, 글로벌 유통 기업들은 이를 활용해 경쟁력을 강화하고 있다. 이러한 혁신에 활용되는 주요 AI 기술들을 나누어 본다면 열두 가지 핵심 요소로 정리할 수 있다. 이 핵심 AI 기술들을 하나하나 살펴보자.

수요 예측, 자동 발주, 지능형 재고 관리

AI 기반 수요 예측은 과거 데이터뿐만 아니라 경제 지표, 소비자 행동 패턴, 계절적 요인, 지역별 특성을 통합적으로 분석해 매우 정교한 예측을 가능하게 한다. 이는 단순한 트렌드 분석에서 한 걸음 더 나아가, 변화하는 시장 환경과 소비자 행동에 맞춘 실시간 대응을 지원한다. 팬데믹 같은 비정상적인 상황에서도 AI는 데이터 분석과 예측 기능을 통해 공급망 혼란을 최소화하고 운영 효율성을 크게 향상시켰다. 예를 들어 AI는 특정 계절에 급증할 상품을 사전에 예측해 재고를 미리 확보하거나, 예상치 못한 수요 급증에도 신속히 대응해 재고 부족이나 과잉 문제를 줄인다.

자동 발주 시스템은 AI를 활용해 실시간 데이터를 기반으로 재고 수준을 지속적으로 모니터링하며, 특정 수준 이하로 떨어질 경우 자동으로 주문을 생성한다. 이를 통해 기업은 품절로 인한 매출 손실을 줄이고, 공급망 관리에서의 인적 오류를 최소화할 수 있다. 지능형 재고 관리는 실시간 데이터를 활용해 지역별 수요 차이를 감지하고, 필요한 재고를 적재적소에 배치한다. 예를 들어 특정 지역에서 판매량이 급증하는 경우 AI는 다른 지역에서 재고를 이동시키거나 긴급 발주를 통해 수요를 충족한다. 이를 통해 기업은 판매 기회를 놓치지 않으면서도 운영 효율성을 유지할 수 있다.

지능형 개인화 추천

AI 기반 개인화 추천 시스템은 고객 데이터를 다각도로 분석해 소비자의 선호도와 구매 패턴을 파악한다. 이러한 데이터는 고객의 과거 구매 이력, 관심사, 검색 기록, 소셜 미디어 상호작용 등 다양한 경로에서 수집된다. 이를 바탕으로 AI는 고객이 원하는 상품과 서비스를 적시에 추천해 구매 전환율을 크게 향상시킨다. AI는 단순히 상품 추천에 그치지 않고 개인화된 프로모션과 마케팅 메시지를 설계한다. 특정 고객이 자주 구매하는 상품에 대한 할인 쿠폰을 제공하거나, 관련 상품을 실시간으로 추천해 고객의 구매를 유도한다. 예를 들어 여름철에는 냉방 기기를, 휴가 시즌에는 여행 관련 상품을 추천하는 방식으로 고객 요구를 충족하며, 이를 통해 고객 충성도를 높이고 있다.

가격 최적화 및 동적 가격 책정

AI는 시장 상황, 경쟁사 동향, 고객의 가격 민감도를 실시간으로 분석해 최적의 가격을 설정한다. 동적 가격 책정(Dynamic Pricing) 기술은 수요와 공급의 변화에 따라 가격을 실시간으로 조정하며, 이는 항공권, 호텔 예약, 전자 상거래 등 다양한 산업에서 활용되고 있다. AI는 소비자 데이터를 기반으로 개인화된 가격 제안도 가능하게 한다. 자주 구매하는 고객에게 특별 할인 혜택을 제공하거나, 신규 고객에게 첫 구매 할인 혜택을 제공하는 방식은 고객 충성도를 높이고 구매 전환율을 향상시키는 데 기여한다.

배송 최적화 및 물류 경로 최적화

배송 최적화는 AI가 물류 과정에서 가장 큰 영향을 미치는 영역 중 하나다. AI는 교통 상황, 날씨, 도로 상태, 차량의 연료 상태 등 복잡한 변수를 실시간으로 분석해 최적의 경로를 제안한다. 이를 통해 배송 시간을 단축하고 연료 비용을 절감하며, 배송 프로세스 전반의 효율성을 높인다. 한 글로벌 물류기업은 AI를 통해 배송 경로를 최적화한 결과 하루 평균 배송 시간을 15% 단축하고 운영 비용을 크게 절감했다. 물류 네트워크가 복잡한 대규모 기업에서는 AI가 물류센터 자원 배치와 지역별 주문량을 분석해 최적화된 물류 경로를 설계한다. 특정 지역에서 주문량이 급증할 경우 AI는 해당 지역으로 추가 자원을 배치하거나 다른 지역의 자원을 재배치하는 방안을 제안한다. 이를 통해 물류 네트워크의 안정성을 유지하면서 효율성을 극대화할 수 있다.

물류센터 AGV 기반 피킹 및 패킹 자동화

AI 기반 AGV(Automated Guided Vehicle)로 불리는 자율주행 로봇은 물류센터에서 피킹 및 패킹 작업을 자동화해 생산성을 크게 향상한다. AGV는 사전에 설정된 경로를 따라 자율적으로 이동하며, 필요한 상품을 정확히 찾아 지정된 위치로 운반한다. 많은 선진 유통 기업들은 AGV 시스템을 도입해 피킹 작업 속도를 대폭 향상시켰으며, 야간 작업에서도 중단 없이 운영 가능해 주문 처리 시간을 단축했다. AI 기반 패킹 시스템은 상품 특성과 배송 조건에 맞는 최적의 포장 방법을 선택해 포장 오류를 줄이고 포장 재료를 절약하는 데 기여한다.

매장 지능화

오프라인 매장에서 AI는 재고 관리, 고객 동선 분석, 결제 시스템, 매장 환경 관리 등을 자동화하며 매출 증대와 고객 경험 개선에 기여한다. AI는 매장 내 재고 상태를 실시간으로 모니터링하고 부족한 상품은 자동으로 발주해 결품 문제를 방지한다. 고객의 이동 데이터를 분석해 인기 상품을 매장 전면에 배치하거나, 매장 내 최적의 위치에 프로모션 상품을 배치해 구매 가능성을 높인다. 매장 내 온도나 전력 사용, 청소 등 사람의 손이 가야 하는 각 영역을 IoT 센서와 AI를 통해 자동으로 모니터링하고 최적화함으로써 인력과 비용 절감에 큰 영향을 미치고 있다.

지능형 무인매장

AI는 무인 매장의 핵심 기술로도 사용된다. 아마존 고

(Amazon Go)와 같은 지능형 매장은 고객이 상품을 선택하고 매장을 떠나면 자동으로 결제가 이루어지는 시스템을 제공한다. 이러한 기술은 대기 시간을 줄이고 소비자에게 편리한 쇼핑 경험을 제공하며, 인건비 절감을 통해 매장 운영 비용을 대폭 줄일 수 있다.

디지털 마케팅 자동화

디지털 마케팅에서 AI는 고객 데이터를 기반으로 타깃 그룹별 맞춤형 메시지를 자동으로 생성하고, 이를 다양한 디지털 채널에 배포한다. AI는 광고 캠페인의 성과를 실시간으로 분석하고 예산을 가장 효과적인 채널에 재배치함으로써 투자 대비 수익률(ROI)을 극대화한다.

생성 AI를 활용한 콘텐츠 제작

생성 AI는 상품 설명, 마케팅 카피, 소셜 미디어 콘텐츠를 대량으로 자동 생성하며, 콘텐츠 제작 시간을 크게 단축하고 비용을 절감한다. 기업은 AI를 활용해 현지화된 콘텐츠와 개인화된 메시지를 제작해 고객 참여를 극대화하고 있다. 최근에 폭발적으로 발전하고 있는 생성 AI의 기능들은 유통사에서 필요한 텍스트 형태의 마케팅 문구 및 상품 설명, 이미지나 영상 형태의 마케팅 콘텐츠, 매장 내 POP 등의 디자인 요소들, 심지어 매장 음악까지도 실시간으로 음악 생성 모델을 통해 직접 제작해 활용하는 단계까지 발전하고 있다.

AR/VR 고객 경험

AR과 VR 기술은 고객이 상품을 가상으로 체험하고 구매 결정을 내리는 과정을 혁신하고 있다. 패션 업계에서는 AR 기반 가상 피팅룸을 통해 고객이 옷을 가상으로 입어 보며 스타일을 선택할 수 있도록 지원하고, 가구 업계에서는 AR 기술로 가구를 가상으로 배치해 볼 수 있는 기능을 제공한다.

챗봇 고객 서비스 및 가상 어시스턴트

AI 기반 챗봇은 이전엔 사람이 응대하거나 콜센터를 통해 처리하던 고객의 질문을 실시간으로 처리하며, 복잡한 문의는 가상 어시스턴트를 통해 해결한다. 이러한 기술은 고객 서비스의 24시간 운영을 가능하게 하고, 고객 만족도를 크게 향상시킨다.

데이터 분석 고도화

AI 기반 데이터 분석은 대규모 데이터를 실시간으로 처리하며, 예측 분석을 통해 기업이 전략적 의사 결정을 신속히 내릴 수 있도록 돕는다. 데이터 시각화 도구는 복잡한 데이터를 그래프와 차트로 변환해 비즈니스 리더들이 데이터를 직관적으로 이해할 수 있도록 지원한다.

유통 가치 사슬과 AI 핵심 기술

앞서 2장에서 정리한 유통업의 다섯 가지 가치 사슬의 각 프로세스와 위에서 언급한 열두 가지 AI 핵심 기술을 매핑해 본다면 다음과 같이 정리할 수 있다.

첫째 프로세스인 상품 · 머천다이징에서는 AI를 활용한 1) 수요 예측, 자동 발주, 지능형 재고 관리, 그리고 3) 가격 최적화가 주요 기술로 활용된다. AI는 과거 데이터를 분석해 수요를 정확히 예측하고, 이를 기반으로 자동 발주를 실행하며, 실시간으로 가격을 최적화해 운영 효율성을 극대화한다. 둘째 프로세스인 마케팅은 고객 데이터를 기반으로 2) 개인화된 추천과 8) 디지털 마케팅 자동화를 통해 마케팅의 ROI를 증가시킨다. AI는 고객 행동 데이터를 분석해 맞춤형 상품과 메시지를 제공하며, 9) 생성 AI 를 활용한 마케팅 콘텐츠 제작까지 자동화해 운영 효율을 높이고, 고객 만족도를 높인다. 셋째 프로세스인 매장 관리는 7) 지능형 무인 매장과 6) 매장

지능화를 통해 매장 운영 방식을 혁신한다. AI 기술은 고객 행동을 실시간으로 분석하고, 자동화된 결제 시스템과 최적화된 재고 관리를 통해 운영 효율성과 고객 편의성을 동시에 개선한다. 또한 무인 매장을 통해 인건비를 절감하고 유통의 패러다임을 완전히 혁신할 수 있다. 넷째 프로세스인 물류 · 배송은 4) 배송 경로 최적화와 5) AGV 기반 피킹 및 패킹 자동화를 통해 물류 효율성을 강화한다. AI는 실시간 데이터를 분석해 가장 효율적인 배송 경로를 제안하고, 물류센터에서 로봇과 AI 기술을 활용해 작업 속도와 정확성을 높인다. 마지막 프로세스인 고객 경험은 11) 챗봇과 가상 어시스턴트 기술을 통해 고객과의 접점을 혁신한다. AI 기반 챗봇은 고객 문의를 빠르게 처리하며, 10) AR/VR 기술은 제품 체험과 구매 결정을 지원해 고객 만족도를 높인다. 이러한 AI 기술들은 유통업의 각 가치 사슬 단계에서 효율성과 혁신을 가능하게 하며, 기업이 경쟁력을 강화하고 지속 가능한 성장을 이루는 데 기여하고 있다.

04
AI 상품 · 머천다이징

AI는 유통 비즈니스에서 상품 · 머천다이징 프로세스를 혁신하며 효율성과 정확성을 극대화하고 있다. 수요 예측, 상품 배치 최적화, 재고 관리, 동적 가격 책정, 협력사 관리 등 AI 기술은 데이터를 기반으로 실시간 의사 결정을 지원하며 매출 증대와 비용 절감을 동시에 실현한다.

AI와 사주?

수요 예측, 상품 배치와 지능형 재고 관리

AI 기반 수요 예측은 상품 기획에서 중요한 역할을 한다. AI는 과거 판매 데이터뿐 아니라 소비자 행동, 계절적 요인, 지역 특성, 경쟁사 동향, 경제 지표 등을 통합적으로 분석해 정교한 예측을 가능하게 한다. 이를 통해 기업은 상품을 적시에 준비하고, 예상치 못한 시장 변화에도 유연하게 대처할 수 있다. 아마존은 AI 기반 수요 예측을 통해 재고 회전율을 35% 이상 개선함으로써 과잉 재고로 인한 비용이 크게 줄었고, 재고 부족으로 인한 기회 손실도 최소화했다. 특히 계절별 및 이벤트별 수요 예측을 통해 아마존은 특정 기간 동안의 판매 증가에 효과적으로 대응해 블랙 프라이데이와 같은 주요 이벤트 기간 동안 판매량이 평균 50% 증가했고, 재고 부족으로 인한 손실을 20% 감축하는 성과를 냈다. 월마트는 AI를 활용, 거시 경제 동향과 지역 인구 통계 등을 분석해 휴가 시즌과 주요 판매 이벤트 동안의 수요를 예측하고 재고 흐름을 최적화해 피크 쇼핑 기간 동안 품절을 25% 줄여 원활한 쇼핑 경험을 제공했다. 특정 계절이나 날씨 조건에서 판매량이 급증할 상품을 사전에 예측하고 재고를 조정해 매출 손실을 방지했다. 팬데믹 기간 동안 소비 패턴이 급변했을 때에도 월마트는 AI 기반 예측 기술을 통해 매장 재고를 효율적으로 관리하며 소비자 만족도를 유지했다. 국내에서는 신선식품 전문 유통업체 마켓컬리가 AI 기반 수요 예측을 통해 신선식품 폐기율을 낮추고 재고 회전율을 높여 소비자에게 안정적인 서비스를 제공하고 있다. AI 기술을 활용한 이러한 수요 예측은 공급망 관리에서도 핵심적이다.

상품 배치는 AI 기술을 통해 더욱 정교해지고 있다. 매장 내 고객의 이동 동선, 체류 시간, 구매 데이터를 분석해 최적의 상품 배치 전략을 제안하며, 이를 통해 소비자가 상품을 쉽게 찾을 수 있도록 돕고 매출 증대를 도모한다. 일본의 세븐일레븐은 AI를 활용해 매장 내 상품 배치를 지속적으로 최적화하고 있다. 세븐일레븐은 지역별 소비자 선호도를 분석해 매장별로 상품 구성을 차별화하고, 주요 상품은 고객이 쉽게 접근할 수 있는 위치에 배치한다. 이러한 전략을 통해 매출을 10% 이상 증가시켰다. 국내 대형 마트 이마트는 AI를 활용해 특정 상품의 구매 데이터를 분석하고, 연관 상품을 함께 배치해 크로스셀링(cross-selling)을 활성화하고 있다. AI는 또한 실시간 데이터를 분석해 특정 시간대에 적합한 상품을 배치하거나 프로모션 상품을 최적의 위치에 배치하는 등 다양한 방식으로 매출 증대를 지원한다.

재고 관리와 자동 발주는 AI 기술의 또 다른 혁신적인 활용 사례다. AI는 실시간 데이터를 기반으로 재고 상태를 모니터링하고, 부족한 상품은 자동 발주 시스템을 통해 즉시 보충하도록 한다. 이는 품절로 인한 매출 손실을 줄이고 과잉 재고로 인한 비용 낭비를 방지하는 데 효과적이다. 아마존은 AI 기반 재고 관리 시스템을 도입해 소비자 주문 데이터를 분석하고 지역별로 적절히 재고를 배치함으로써 배송 시간을 단축하고 소비자 만족도를 높였다. 월마트의 AI 기반 재고 관리 시스템은 과거 데이터를 활용한 예측 분석을 통해 제품을 전략적으로 배치해 과잉 재고를 30% 줄이고, 진열대 가용성을 10~15% 향상시켜 고객에 대한 결품 기회 손실을 대폭 감소시켰다. 국내에서는 GS리테일이 AI 기반 자동 발주 시스템을 도입해 편의점 상품의 품절률을 낮추고 재고 회전율을 개선하기 위한 노력을 하고 있다. 특히 신선식품이나 유통기한이 짧은 제품에서는 이러한 기술이 큰 효과를 발휘한다.

동적 가격 책정과 협력사 관리 및 협상

동적 가격 책정은 AI가 상품 운영에서 가져오는 또 다른 혁신이다. AI는 시장 상황, 경쟁사 동향, 소비자 행동 데이터를 실시간으로 분석해 상품의 최적 가격을 설정한다. 특정 상품의 수요가 급증하면 가격을 인상하고, 재고가 과잉이 되면 가격을 낮춰 빠르게 판매될 수 있도록 한다. 아마존은 AI 알고리즘을 활용해 상품 가격을 하루 평균 250만 번 변경하는데 이는 4억 개의 제품 목록을 실시간으로 관리하면서 이루어지며, 시장 수요와 경쟁자 가격을 반영하면서 최적의 가격을 판단하고 변경한다고 한다. 이러한 AI 기반 동적 가격 설정을 통해 아마존은 매출을 최대 25% 증가시키고 특히 블랙 프라이데이와 사이버 먼데이와 같은 피크 쇼핑 시즌 동안 수익을 극대화하는 등 최적의 가격을 계산해 상품 마진을 극대화함으로써 매년 약 10% 이상의 마진 개선 효과를 만들어 내고 있다. 영국의 테스코도 시장 변화에 실시간으로 대응하기 위해 AI 기반 동적 가격 설정을 도입했는데 이 시스템은 경쟁사의 가격, 시장 수요, 재고 수준 등을 분석해 최적의 가격을 자동으로 설정하고 실시간 변경을 통해 항상 경쟁력 있는 가격을 제공한다. 그래서 효율적인 재고 관리와 최적의 가격 설정을 통해 불필요한 재고 보유 비용을 15% 절감하는 효과를 보고 있다. 국내에서는 쿠팡이 AI를 활용해 행사 기간 동안 상품 가격을 실시간으로 조정하며 매출을 극대화하고 있다. SSG닷컴도 동적 가격 책정 기술을 도입해 소비자 맞춤형 가격을 제공하며, 특정 시간대의 수요 변동에 따라 할인율을 실시간으로 조정해 매출 증대와 소비자 만족을 동시에 달성하고 있다.

AI는 협력사 관리에서 공급망 데이터를 분석해 협력사의 성과를 평가하고, 안정적이고 신뢰할 수 있는 관계를 유지하도록 돕는다. 협력사의 납기 준수율, 품질 유지율, 과거 거래 이력 등을 분석해 성과를 평가하고, 잠재적인 리스크를 사전에 식별할 수 있다. 이를 통해 안정적인 공급망을 유지하며, 공급망 중단과 같은 예기치 않은 상황을 예방할 수 있다. 글로벌 유통 기업 월마트는 AI를 활용해 협력사의 성과 데이터를 분석하고, 이를 기반으로 공급망 리스크를 최소화하며 안정적인 운영을 실현한 대표적인 사례다. 또한 AI는 시장 데이터를 기반으로 새로운 협력사를 추천하거나, 기존 협력사와 협력을 강화할 방안을 제안함으로써 협력 네트워크를 최적화한다.

납품 가격 협상에서는 AI가 실시간으로 시장 데이터를 분석해 협상에 필요한 유리한 정보를 제공한다. 원자재 가격 변동, 경쟁사 활동, 수요와 공급 데이터를 종합적으로 분석해 납품 가격의 적정성을 평가하고 최적의 협상 조건을 도출한다. 아마존은 AI 기반 가격 분석 시스템을 통해 납품 가격 협상에서 데이터 중심의 접근을 활용하며, 비용을 절감하고 효율성을 극대화하고 있다. AI는 또한 과거 데이터를 기반으로 가격 변동을 예측해 협상 전략을 수립하는 데 도움을 준다. 예를 들어 특정 상품의 시장 가격이 상승할 것으로 예측되면 장기 계약을 통해 가격 안정성을 확보하거나 대체 공급자를 활용하는 등 다양한 대응 전략을 제안할 수 있다.

소싱 관리에서도 AI는 글로벌 공급망 데이터를 분석해 최적의 공급원을 발굴하고, 소싱 전략을 효율화한다. 품질, 비용, 납기 등 다양한 요인을 고려해 최적의 신규 공급원을 추천하며, 공급망의 지속 가능성을 평가하는 데도 활용된다. 세계 1등 SPA 패션 브랜드인 자라는 AI를 활용해 글로벌 생산 네트워크를 최적화하고, 품질과 비용 효율성을 모두 만족시키는 공급자를 발굴해 생산 속도를 높이고 있다. H&M은 AI 기반 공급망 추적 시스템을 통해 공급자의 환경적, 사회적 영향을 분석하고 지속 가능성을 강화하는 전략을 실행 중이다. AI는 또한 정치적 안정성, 자연재해 위험, 환율 변동 등을 분석해 소싱 지역의 위험도를 평가하고, 이를 바탕으로 다중 소싱 전략을 설계해 리스크를 분산한다.

결론적으로, AI는 유통 산업에서 상품 기획과 머천다이징의 모든 단계를 혁신적으로 변화시키고 있다. 수요 예측, 상품 배치 최적화, 실시간 재고 관리, 동적 가격 책정, 협력사 관리, 가격 협상 등 AI 기술은 기업 운영의 효율성을 높이고 소비자 경험을 개선하며, 국내외 다양한 성공 사례와 기술 기업의 참여는 이러한 혁신의 가능성을 더욱 구체화하고 있다. AI를 효과적으로 활용하는 기업들은 경쟁력을 강화하며, 유통 산업에서 선도적인 위치를 차지할 수 있다. 앞으로도 AI는 유통 산업의 현재와 미래를 정의하는 핵심 요소로 자리 잡을 것이며, 이를 전략적으로 활용하는 기업만이 시장 변화 속에서 지속 가능한 성장을 이뤄 낼 것이다.

05
AI 마케팅

AI는 마케팅에서 개인화된 캠페인, 광고 타기팅, 실시간 캠페인 최적화, 콘텐츠 자동 생성 등을 통해 효율성과 ROI를 극대화한다. 고객 데이터를 분석해 맞춤형 제안을 제공하고, 변화하는 소비자 니즈에 실시간 대응하며, 일관된 브랜드 메시지를 전달한다. 이를 통해 기업은 소비자와의 연결성을 강화하고 경쟁력을 확보하며, 효율적이고 효과적인 마케팅 활동으로 지속 가능한 성장을 실현할 수 있다.

AI와 아이돌?

AI를 통한 개인화 및 실시간 마케팅

AI는 마케팅의 혁신적인 변화를 주도하며, 기업들이 고객 데이터를 활용해 더욱 개인화된 캠페인 실행과 정교한 고객 세분화를 가능하게 만들고 있다. 이러한 기술은 AI 기반 추천 시스템, 광고 타기팅, 실시간 캠페인 최적화, 마케팅 자동화 등을 통해 마케팅 ROI를 극대화하는 데 기여한다. AI는 데이터를 단순히 분석하기만 하는 것이 아니라 실시간으로 학습하고 적응하며 변화하는 소비자 니즈와 시장 환경에 맞는 마케팅 전략을 제안하는 강력한 도구로 자리 잡고 있다. 이를 통해 기업들은 더욱 효율적이고 효과적인 마케팅 활동을 수행할 수 있다.

AI 기반 개인화 마케팅은 고객 데이터를 활용해 소비자 개개인의 특성에 맞춘 맞춤형 캠페인을 실행하는 데 강점을 보인다. AI는 고객의 과거 구매 이력, 검색 기록, 소셜 미디어 활동, 관심사 등을 종합적으로 분석해 개인화된 콘텐츠와 프로모션을 제공한다. 예를 들어 아마존은 고객의 검색 및 구매 데이터를 기반으로 개인화된 상품 추천 시스템을 구축해 전체 매출의 35% 이상을 이러한 기술에서 창출하고 있다. 아마존 고객의 60%는 AI를 통한 맞춤형 추천이 없다면 아마존을 다시 이용하지 않을 것이라고 답변했다고 한다. 이는 AI가 고객이 원하는 상품을 적시에 제안함으로써 구매 전환율을 높이고, 고객 만족도를 극대화하기 때문이다.

중국의 알리바바의 개인화 추천 플랫폼인 AIRec 알고리즘은 1000개 이상의 개인화 시나리오를 지원하고, 1억 개 이상의 개인화된 상품 추천을 제공한다. 특히 중국의 전통적인 광군절 쇼핑 기간 동안 AI로 강화된 개인화된 랜딩 페이지의 구매 전환율이 비개인화 페이지에 비해 20% 더 높은 실적을 올린다고 한다. 스웨덴의 이케아도 구글 클라우드의 추천 AI(Recommendations AI)를 활용해 맞춤형 제품 추천 시스템을 개발하고 이를 이용해 웹페이지에 나오는 관련 추천 항목의 수를 400% 증가시킴으로써 클릭률이 30% 향상되었으며 평균 주문 금액이 2% 증가했다.

국내에서도 네이버 쇼핑은 AI를 활용해 고객 맞춤형 상품을 추천하며, 소비자가 선호하는 상품군에 대한 프로모션을 제공해 높은 구매 전환율을 기록하고 있다. 개인화 추천을 위한 알고리즘 방식은 두 가지로 나뉘는데, 콘텐츠 기반 필터링은 고객이 선호했던 상품의 특성을 분석해 유사한 제품을 추천하며, 협업 필터링은 유사한 행동을 보인 다른 고객의 데이터를 바탕으로 추천을 제안한다. 최근에는 딥러닝 모델이 이러한 방식들을 통합하고, 고객의 복잡한 행동 패턴을 학습해 더욱 정교한 추천 결과를 제공하고 있다. AI 기반 개인화 추천은 고객과 기업 모두에 이점을 제공한다. 고객은 자신이 필요로 하는 상품을 더 쉽게 찾을 수 있어 편리함과 만족도를 동시에 경험하며, 기업은 이를 통해 판매량을 늘린다. 특히 고객 맞춤형 서비스를 제공함으로써 브랜드 충성도를 강화하고, 추천 상품의 효율적인 판매로 재고 관리에도 긍정적인 영향을 미친다.

광고 타기팅은 AI가 가장 강력하게 영향을 미치는 마케팅 분야 중 하나다. AI는 고객 데이터를 기반으로 가장 적합한 타깃 그룹을 식별하고, 해당 그룹에 최적화된 광고를 제공한다. 글로벌 광고 플랫폼인 구글 애즈(Google Ads)는 AI를 활용해 광고주의 캠페인을 분석하고, 특정 키워드나 사용자 행동에 기반해 광고를 타기팅한다. 좋은 사례로 프랑스 기반의 글로벌 화장품 전문 편집숍인 세포라(Sephora)는 구글 애즈를 활용해 광고 캠페인을 자동화했는데, AI를 통해 여러 SNS나 디지털 마케팅 플랫폼에서 각각의 마케팅 컨텐츠의 고객 반응 및 전파 메커니즘을 분석하고 최적의 타이밍에 적절한 메시지를 전달해 광고 효율성을 극대화했다. 이를 통해 디지털 광고 캠페인의 전환율이 1.5배 증가하고, 고객 참여도가

25% 상승하는 효과를 얻었다. 국내에서도 카카오 비즈보드는 AI를 활용해 사용자 데이터를 기반으로 맞춤형 광고를 제공하며, 광고주의 ROI를 극대화하고 있다. 이러한 사례는 기업들이 AI를 통해 소비자와 연결성을 강화하고 마케팅 캠페인의 효율성을 높이는 데 성공했음을 보여 준다.

실시간 캠페인 최적화는 AI의 또 다른 중요한 응용 사례다. AI는 실시간 데이터를 분석해 캠페인 성과를 모니터링하고, 이를 기반으로 즉각적으로 캠페인을 조정한다. 한 글로벌 패션 브랜드는 소셜 미디어 캠페인에서 AI를 활용해 소비자 반응 데이터를 실시간으로 분석하고, 반응이 높은 콘텐츠에 예산을 집중 투입했다. 이를 통해 캠페인의 참여율을 20% 이상 높이는 성과를 거두었다. 아마존 또한 AI를 활용해 PPC(Pay-Per-Click) 광고 캠페인을 자동화해 키워드 선택, 입찰 조정, 예산 할당 등을 최적화함으로써 디지털 광고 성과를 극대화해 광고 캠페인의 전환율이 12.29%로 증가했는데, 이는 일반적인 전환율(2.17%)보다 6배 높은 수치다. 국내에서는 SSG닷컴이 AI 기반 실시간 캠페인 최적화 시스템을 도입해 특정 시간대나 소비자 반응에 따라 프로모션 전략을 조정하며 마케팅 효율성을 크게 개선했다. 이러한 실시간

대응은 기업들이 변화하는 소비자 행동에 빠르게 적응할 수 있도록 돕고, 마케팅 캠페인의 효과를 극대화한다.

생성형 AI를 통한 마케팅 혁신

AI는 온라인 커머스 기업들의 상품 설명 및 마케팅 관련 콘텐츠를 자동으로 생성하고 효율을 높이는 곳에도 많이 활용되고 있다. 2006년에 캐나다에서 설립된 글로벌 전자 상거래 플랫폼 기업인 쇼피파이(Shopify)는 상인들이 온라인 상점을 구축하고 운영할 수 있도록 다양한 도구와 서비스를 제공하며, 제품 판매, 재고 관리, 결제 처리, 마케팅 및 고객 관리 등의 기능을 포함해 아마존, 이베이, 월마트 등 대형 온라인 커머스에서 비즈니스를 하는 셀러들이 원활하게 비즈니스를 운영할 수 있도록 지원한다. 우리나라로 치면 카페24(cafe24)나 네이버 스토어와 같은 플랫폼 서비스다. 쇼피파이는 매직(Magic)이라는 AI 서비스를 통해 상품 설명을 자동으로 생성해 준다. 셀러 사용자가 제품에 대한 몇 가지 기본 정보를 제공하면, AI가 이를 분석하고 주요 판매 포인트를 식별해 고유한 상품 설명을 만들어 준다. 이는 특히 다양한 종류의 제품을 보유한 셀러들에게 매우 유용하며 시간 및 인건비를 대폭 절감할 수 있다. AI가 생성한 설명을 사용한 제품 페이지의 전환율이 10% 이상 증가했으며, AI는 자동으로 검색 엔진을 위한 SEO의 최적화된 키워드를 포함해 제품 설명을 작성하므로 검색 엔진 가시성이 향상되고, 이를 통해 웹사이트 트래픽이 15% 증가하는 효과가 발생했다. 쇼피파이 매직은 상품 설명뿐만 아니라 블로그 게시물, 소셜 미디어 게시물, 영상 등의 마케팅 콘텐츠를 자동으로 생성해 주어 사용자가 원하는 톤과 키워드를 입력하면 AI가 관련 콘텐츠를 생성한다. 이렇게 AI를 통해 생성한 컨텐츠의 제목을 사용한 경우 오픈율이 21% 증가하고 여러 마케팅 직원들이 제각각 작업할 때보다 일관된 브랜드 톤을 유지하며, 다양한 마케팅 채널에서 일관성 있는 메시지를 전달할 수 있도록 지원해 마케팅 효과를 크게 높일 수 있다.

결론적으로 AI는 마케팅의 모든 영역에서 혁신적인 변화를 가능하게 하고 있다. 개인화된 캠페인 실행, 정교한 고객 세분화, 실시간 캠페인 최적화, 디지털 마케팅 자동화, 마케팅 컨텐츠 자동 생성 등 AI 기술은 마케팅 효율성을 높이고 ROI를 극대화하는 데 기여한다. 이러한 기술을 적극적으로 활용하는 기업들은 소비자와의 연결성을 강화하고 변화하는 시장 환경에서 경쟁력을 유지하며 지속 가능한 성장을 이루고 있다. 국내외 성공 사례들은 AI가 마케팅에서 강력한 도구로 자리 잡았음을 보여 주며, 이를 전략적으로 활용하는 기업들이 시장을 선도할 것이다.

06
AI 스토어

AI 스토어는 무인 점포, 스마트 매대, 자율 결제 시스템 등 다양한 기술로 매장 운영 방식을 혁신하며, 소비자 경험을 향상시키고 효율성을 극대화한다. AI는 매장 내 재고 관리, 보안 모니터링, 에너지 절감, 폐기물 감소 등을 지원하며, 특히 소상공인들에게는 인건비 절감과 경쟁력 강화의 기회를 제공한다. 이를 도입한 기업과 유통 사업자들은 지속 가능한 성장을 이룰 수 있다.

AI와 야구?

무인 점포 기술을 통한 매장 혁신

AI 기술은 매장의 운영 방식을 근본적으로 변화시키며, 지능형 무인 점포, 스마트 매대, 자율 결제 시스템, 매장 안내 로봇 등의 매장 지능화 솔루션 등이 새로운 형태의 매장을 실현하고 있다. AI 스토어는 기술적인 편의성을 제공할 뿐만 아니라 소비자 경험을 혁신하고 매장 운영의 효율성을 극대화하며, 기업의 비용 절감과 수익 증대에 기여한다. 특히 소상공인과 자영업자들에게도 AI 기술은 새로운 기회를 제공하며, 인건비 절감을 통한 운영 효율성과 경쟁력을 높이는 데 중요한 역할을 하고 있다.

AI 스토어의 대표적인 혁신 중 하나는 지능형 무인 점포다. 무인 점포는 컴퓨터 비전, 센서 퓨전, 딥러닝 기술을 활용해, 고객이 매장에서 상품을 선택하고 떠나면 계산대에 줄을 서지 않아도 자동으로 결제가 이루어지는 매장을 의미한다. 아마존 고(Amazon Go)는 이러한 무인 점포의 대표 사례로, 아마존이 2008년 미국 시애틀에 최초로 오픈했다. 아마존 CEO 제프 베이조스는 초기에는 10년 내로 미국 내에 약 3,000여 개의 무인 매장을 오픈하겠다고 발표했지만, 2024년 기준 22개의 매장이 운영되고 있다. 50평 가량의 슈퍼마켓형 매장은 높은 투자비와 과도한 운영 비용으로 확대가 보류되었기 때문이다. 하지만 아마존은 아마존 고 매장을 위해 개발된 지능형 무인 매장 AI 기술을 '저스트 워크 아웃(Just Walk Out)'이라고 이름 붙이고 상용화를 위한 솔루션으로 제공했다. 이 솔루션은 아마존과 제휴한 유통 업체들이 모듈형 매장을 오픈하는 데 활발히 활용되고 있으며, 공항, 기차역, 대학 캠퍼스, 스포츠 경기장 등에 보다 단순화된 소형 무인매장으로 확대되고 있다. 시간이 흐르면서 점차 AI 기술의 고도화와 투자비 및 운영비의 효율화가 이루어지고 있어 앞으로의 확대 전망은 밝다. 전 세계적으로 AI를 활용한 지능형 무인 매장 시장 규모는 2019년에 6,748만 달러로 평가되었고 2027년까지 16억 4,032만 달러에 이를 것으로 예상되며, 미국뿐 아니라 중국, 일본, 유럽 등 선진 유통 시장에서 시도되고 특히 더 작은 편의점 사이즈의 무인 매장으로 확대되는 추세다. 예측기간 동안 연 평균 성장률(CAGR)이 51.9%에 달하며, 전 세계적인 급격한 노동 임금 상승, 인플레이션, 비대면 트렌드, 유통 업체들의 손익 악화 등으로 인해 비용 절감을 위한 무인화가 빠르게 미래 유통의 대세로 확대되고 있다. 특히 소상공인과 자영업자들에게 무인 점포 기술은 매장 운영의 패러다임을 바꾸는 중요한 기회로 작용하고 있다. 인건비 부담이 높은 소규모 매장에서는 무인 시스템을 통해 직원 수를 최소화하거나 완전히 배제함으로써 고정 비용을 크게 절감할 수 있다.

국내 무인 매장은 최근 몇 년간 빠르게 확산되며 새로운 유통 모델로 자리 잡고 있다. 무인 편의점, 아이스크림 할인점, 무인 카페 등 다양한 업종에서 활용되고 있는데 무인 편의점은 2023년 기준 약 3,310개로 증가했으며, 아이스크림 할인점도 2023년 약 4,000개에 도달하는 등 점포 수가 폭발적으로 늘고 있다. 또한 무인 밀키트 판매점과 셀프 빨래방 등도 빠르게 확장되고 있어 무인화의 적용 범위가 넓어지고 있다. 2023년 국내 무인 매장의 시장 규모는 약 1조 원으로 추정된다. 하지만 최근 무인 매장은 고객의 양심에 의존한 키오스크 결제와 운영 방식에서 벗어나, AI 기술을 활용한 결제 자동화와 보안 강화로 진화하고 있다. 기존 시스템은 도난 문제에 취약점을 드러냈으며, 이를 해결하기 위한 AI 기술의 도입이 가속화되고 있는 것이다. AI는 고객의 행동을 분석해 의심스러운 동작을 실시간으로 탐지하고, 컴퓨터 비전 기술로 상품을 자동 인식해 결제를 간소화한다. 생체 인식 결제 시스템은 고객의 얼굴이나 지문을 통해 결제를 처리하며, RFID 기술은 상품 이동을 추적해 정확한 재고 관리와 자동 결제를 가능하게 한다. 이러한 기술은 도난 발생 빈도를 크게 낮추고, 고객에게는 빠르고 간편한 쇼핑 경험을 제공하며, 운영 효율성까지 높인다. 지능형 무인 매장은 AI 기술과 결합해 더 안전하고 스마트한 유통 모델로 자리 잡고 있으며, 앞으로도 지속 가능한 성장을 이어 갈 것으로 기대된다.

AI를 통한 지능형 매장 관리

무인 매장 기술 외에도 스마트 매대는 매장 지능화 기술의 핵심 구성 요소 중 하나로, 고객이 상품을 집거나 반납할 때 이를 자동으로 인식하고, 해당 상품 정보를 매대 근처의 디스플레이나 음성 스피커 등으로 제공하며, 개인화된 추천을 가능하게 한다. 일본의 로손(Lawson) 편의점 체인은 AI 기반 스마트 매대를 도입해 고객이 매대에서 상품을 집으면 디지털 화면에 상품 상세 정보를 표시하고 연관 상품을 추천한다. 이러한 기술은 고객의 편의를 높이고 구매 결정을 지원해 매출 증대를 유도한다.

AI는 매장 운영의 효율성을 극대화하는 데도 기여하고 있다. AI는 컴퓨터 비전 기술 등을 활용해 매장 내 선반들의 상품 상태를 실시간으로 모니터링하며, 매장 내의 재고를 실시간으로 관리하고, 부족한 상품은 즉각 보충하게 하거나 재고가 없으면 바로 자동으로 발주하도록 지원한다. 일본의 세븐일레븐은 AI 기반 지능형 재고 모니터링 및 관리 시스템을 활용해 특정 시간대에 판매량이 급증하면 매대에 결품의 트렌드를 파악하고 자동 발주 시스템을 통해 필요한 재고를 보충하며 결품 문제를 최소화했다. 프랑스의 카르푸는 매장 내 각 매대에 비치된 AI 카메라를 통한 매대의 실시간 재고 모니터링 및 예측 분석을 통해 재고를 효율적으로 관리하고 결품 방지를 진행했는데 이를 통해 재고 회전율이 25% 향상되었으며, 재고 부족률이 30% 감소했다. 월마트는 매장 내 매대 사이사이를 카메라로 이미지 스캔하는 자율 이동 로봇을 도입해 상품의 위치, 가격, 재고 상태 등을 점검한다. 이 로봇이 AI를 사용해 실시간으로 데이터를 분석하고 필요한 조치를 취함으로써 매장 내 상품의 가격 및 위치 등의 정확도가 20% 향상되었고, 또한 재고 확인 시간이 50% 감소하고 재고 부족률이 30% 감소하는 결과를 얻었다. AI는 매장 내 보안 관리에서도 중요한 역할을 하고 있다. AI 기반 CCTV는 고객의 행동을 실시간으로 모니터링하고, 이상 행동이나 도난 가능성을 감지한다. 이를 통해 매장 운영자는 보안 문제를 즉각적으로 해결할 수 있으며, 도난 사고를 줄일 수 있다. 이러한 기술은 특히 소상공인들에게 중요한 이점을 제공한다. 한정된 인력을 보완해 매장 운영 안정성을 높이고, 불필요한 손실을 방지할 수 있다.

AI 스토어는 환경 지속 가능성에도 기여하고 있다. 에너지 소비를 줄이고 폐기물을 감소시키는 방식으로 운영 효율성을 높인다. AI는 매장 내 조명과 냉난방 시스템을 최적화하며, 신선식품의 유통기한과 판매 데이터를 분석해 폐기율을 감소시킨다. 예를 들어 AI는 매장 내에서 작업을 통해 상품을 진열하는 정육, 수산이나 기타 일부 야채류 등의 신선식품 판매 예측 데이터를 활용해 불필요한 작업을 줄이고 적정량의 재고를 유지하며 과잉 생산과 폐기를 줄인다. 카르푸는 AI를 활용해 매장의 에너지 사용을 최적화하고 전력 소비를 실시간 모니터링해 에너지 비용을 10% 절감했다. 월마트는 매장 내 청결을 유지하기 위해 로봇 청소기를 도입했는데 이 로봇은 AI를 사용해 매장 환경을 실시간 분석하고 현재 고객의 동선 등을 분석해 최적의 경로를 따라 청소를 수행함으로써 청소 비용을 15% 절감하고, 매장 청결도를 25% 향상했다.

결론적으로, AI 스토어는 무인 점포, 스마트 매대, 자율 결제 시스템, 매장 모니터링 및 관리 시스템 등 다양한 기술을 통해 매장 운영 방식을 혁신하고 있다. 특히 소상공인과 자영업자들에게 AI 기술은 인건비를 줄이고 운영 효율성을 높이는 데 중요한 도구로 작용한다. 국내외 다양한 성공 사례는 AI 스토어의 잠재력을 입증하며, 앞으로도 AI는 유통 산업의 현재와 미래를 정의하는 핵심 기술로 자리 잡을 것이다. 이를 적극적으로 도입하는 기업과 소상공인은 변화하는 시장 환경에서 경쟁력을 유지하며 지속 가능한 성장을 이룰 수 있을 것이다.

07
AI 물류 · 배송

AI는 물류 및 배송 과정을 혁신하며 예측 배송, 경로 최적화, 피킹 및 패킹 자동화, 드론 및 로봇 배송 등 다양한 기술로 물류 효율성과 고객 만족을 극대화하고 있다. AI는 데이터 분석을 통해 상품을 적재적소에 배치하고, 최적 경로를 설계하며, 자동화된 물류센터 운영과 실시간 모니터링으로 비용을 절감한다. 또한 드론과 로봇을 활용한 첨단 배송 기술은 고객 편의와 환경적 지속 가능성을 동시에 강화하며, 물류 산업의 새로운 기준을 제시하고 있다.

AI와 윤동주?

AI를 통한 상품 배송의 혁신

AI는 물류 및 배송 과정에서 혁신적인 변화를 가져오며, 물류 운영의 효율성을 극대화하고 비용 절감과 고객 만족을 동시에 달성하고 있다. AI는 예측 배송, 최적 경로 설정, 피킹 및 패킹 자동화, 드론 및 로봇 배송 등 다양한 분야에서 물류 시스템을 새롭게 정의하고 있다.

AI 기반 예측 배송은 AI가 물류 혁신에서 가장 주목받는 분야 중 하나다. AI는 과거 판매 데이터, 소비자 행동 패턴, 계절적 요인, 지역별 수요 등을 분석해 고객이 특정 상품을 주문할 가능성을 예측하고 해당 상품을 적절한 물류센터에 배치한다. 이를 통해 배송 시간을 단축하고 고객 만족도를 높이는 동시에 물류 비용을 절감할 수 있다. 아마존은 AI 기반 예측 배송 시스템을 통해 고객이 주문하기 전에 필요한 상품을 고객 인근 물류센터에 미리 배치하는 '사전 배송(Anticipatory Shipping)' 방식을 도입했다. 이를 통해 아마존은 당일 배송 및 익일 배송 서비스를 안정적으로 제공하며 시장 점유율을 확대하고 있다. 국내에서는 쿠팡이 AI 기반 예측 배송을 활용해 로켓배송 서비스를 성공적으로 운영하고 있다. 주문 패턴을 분석해 자주 주문되는 상품을 지역 물류센터에 미리 준비하고 배송 효율을 극대화함으로써 배송 속도와 고객 만족도를 크게 향상시켰다.

또한 AI는 배송 차량의 이동 경로를 최적화해 배송 효율성을 높인다. AI는 교통 상황, 날씨, 도로 상태, 배송 목적지 등을 실시간으로 분석해 가장 효율적인 경로를 제안한다. 이는 배송 시간을 단축하고 연료 비용을 절감하며, 환경적으로도 긍정적인 영향을 미친다. 글로벌 물류 기업 DHL은 AI 기반 경로 최적화 기술을 도입해 차량 운영비를 10% 이상 절감하고 평균 배송 시간을 크게 단축했다. DHL의 '마이웨이스(MyWays)' 서비스는 AI를 활용해 배송 기사가 특정 시간대에 가장 적합한 경로를 선택할 수 있도록 돕는다. 국내에서는 CJ대한통운이 AI 기반 스마트 물류 시스템을 통해 실시간 경로 최적화를 구현하며, 이를 통해 연료 소비를 줄이고 탄소 배출을 감소시키는 등 지속 가능한 운영을 가능하게 하고 있다. CJ대한통운의 스마트 허브 시스템은 물류센터에서의 상품 이동부터 최종 배송까지 모든 과정을 통합적으로 관리하며, 정확성과 효율성을 극대화하고 있다.

월마트 또한 AI 기반 경로 최적화(Route Optimization) 시스템을 도입해 물류 운영을 최적화하는데, 이 도구는 주행 경로 최적화, 트레일러 포장, 배송 일정 등에 대한 관리를 포함한다. 이 시스템을 통한 물류 경로 최적화로 비효율적인 경로 11만 개를 최적화된 경로로 대체하고 불필요한 주행 거리를 3,000만 마일 줄임으로써 연간 약 9,400만 파운드의 이산화탄소 배출을 줄이고 평균 배송 시간을 10~15% 단축했으며 전체 물류 운영 비용을 약 20% 절감했다.

미국의 또 다른 대표 물류 회사인 UPS는 ORION (On-Road Integrated Optimization and Navigation)이라는 핵심 AI 플랫폼을 통해 복잡한 경로 계획과 최적화를 담당하였다. 이 시스템은 GPS 데이터를 수집하고 AI 알고리즘을 활용해 최적의 배송 경로를 생성한다. 이를 통해 월마트와 마찬가지로 UPS도 연간 1억 마일의 주행 거리를 절감하고, 1,000만 갤런의 연료를 절약했으며, 연간 10만 메트릭 톤의 이산화탄소 배출을 줄이고 전체 비용을 연간 약 2억 달러 절감했다.

드론 및 로봇 배송은 물류 산업에서 가장 혁신적인 기술 중 하나로, AI의 발전과 함께 점차 상용화되고 있다. 드론은 주로 외딴 지역이나 접근이 어려운 장소에 신속하게 상품을 전달하는 데 활용된다. 아마존의 프라임 에어(Prime Air)는 드론을 활용해 30분 이내에 상품을 배송하는 실험을 성공적으로 진행하고 있다. 이 기술은 특히 긴급한 배송이 필요한 고객들에게 높은 만족도를 제공하며, 물류 비용을 절감한다. 국내에서는 LG CNS가 드론을 활용한 배송 서비스를 시범 운영하며, 산간 지역이나 섬 지역 등 접근이 어려운 곳에 신속한 배송을 제공하고 있다. 로봇 배송도 도시 지역에서 단거리 배송을 혁신적으로 변화시키고 있다. 스타십 테크놀로지(Starship Technologies)는 자율 주행 로봇을 활용해 음식 및 소형 패키지를 빠르고 안전하게 배송하고 있으며, 이러한 서비스는 주거 지역에서 큰 호응을 얻고 있다. 국내에서는 배달의민족이 로봇 배송 시범 서비스를 통해 도시 내 배송 효율성을 높이고 있으며, 로봇은 고객의 주문을 목적지까지 안전하게 전달하는 데 사용된다. 배달의민족은 AI를 통해 고객의 주소와 주문 데이터를 분석해 로봇 배송의 효율성을 지속적으로 개선하고 있다.

물류센터의 AI를 통한 진화

AI는 물류센터에서 피킹 및 패킹 과정을 자동화하며 작업 효율성을 높이고 인적 오류를 줄이는 데에도 기여하고 있다. AI 기반 AGV라는 일종의 물류 로봇은 물류센터 내에서 자율적으로 이동하며, 필요한 상품을 정확히 찾아 지정된 위치로 운반한다. 아마존은 물류센터에서 키바(Kiva) 로봇을 활용해 피킹 작업 속도를 이전 대비

40% 이상 향상시켰다. 키바 로봇은 상품이 저장된 선반을 작업자에게 자동으로 가져다주며, 작업자의 이동 시간을 최소화하고 처리 속도를 높인다. 이 기술은 주문 처리 시간을 단축하고, 물류센터의 생산성을 극대화하는데 기여하고 있다. 국내에서는 2023년 쿠팡이 로봇을 활용한 자동화 물류센터를 대구에 건립해 운영하며, AI를 통해 주문 데이터를 분석하고 작업 순서를 최적화해 효율성을 높이고 있다. 패킹 자동화도 AI 기술의 주요 활용 사례다. AI는 각 상품의 크기, 형태, 배송 조건 등을 분석해 최적의 포장 방법을 제안한다. 이를 통해 포장 재료를 절약하고 포장 오류를 줄이며 고객 만족도를 높인다. 예를 들어 미국의 전자 상거래 기업 자포스(Zappos)는 AI 기반 패킹 시스템을 도입해 패킹 비용을 20% 이상 절감했으며, 포장 관련 고객 불만을 크게 줄이는 데 성공했다. 국내에서는 한 물류 스타트업이 AI 패킹 시스템을 활용해 소형 화물의 포장 시간을 30% 단축하고, 포장 효율성을 높였다.

영국의 유명한 온라인 식품 유통사인 오카도의 물류센터는 더 하이브(The Hive)라는 밀집된 로봇 네트워크를 구성했다. 이 시스템은 AI를 활용해 수천 대의 로봇 움직임을 조정하며, 로봇은 5mm 간격으로 이동해 높은 효율성과 정밀성을 유지한다. 이 로봇들은 5분에 50개 이상의 아이템을 피킹할 수 있으며 이는 이전에 사람의 수작업으로 한 시간이 넘게 걸리던 작업을 혁신적으로 대체하는 것이다. 피킹뿐 아니라 오카도의 물류센터 로봇들은 5분 안에 50,000개의 주문을 패킹하기도 해 운영 효율성을 극적으로 높이고 있다. 또한 자동화 시스템은 피킹 정확성을 높여 오류를 줄이고 식품 폐기물을 감소시켜, 오카도의 식품 폐기율은 업계 평균인 2~3%보다 훨씬 낮은 0.0387%를 기록했다. 월마트 또한 알파봇(Alphabot) 시스템을 도입해 온라인 식료품 주문의 피킹 및 패킹 작업을 자동화했다. 알파봇 시스템은 온라인 식료품 주문의 95%를 8분 이내에 처리할 수 있으며, 평균 피킹 시간은 5분 미만을 유지한다. AI 및 자동화 시스템을 통해 노동 비용 감소와 더불어 효율적인 재고 관리 및 물류 운영을 가능케 함으로써 물류센터 운영 비용을 약 20% 절감하기도 했다.

AI는 물류 프로세스 전반에서 실시간 추적 및 모니터링 시스템을 제공한다. AI는 상품의 이동 상태를 실시간으로 파악하고, 이상 상황 발생 시 즉각적으로 알림을 제공한다. 이는 고객에게 정확한 배송 시간을 알려 줄 뿐만 아니라 물류 운영자가 문제를 신속히 해결할 수 있도록 돕는다. 블록체인 기술과 결합한 AI 시스템은 상품의 이동 경로와 상태를 투명하게 기록하며, 물류 신뢰도를 크게 향상시킨다. DHL은 AI와 블록체인을 결합해 공급망 추적 시스템을 강화하고, 고객에게 실시간 배송 정보를 제공하고 있다. 국내에서는 CJ대한통운이 AI 기반 추적 시스템을 통해 물류센터와 배송 차량 간의 연계를 최적화하고 있으며, 이를 통해 배송 오류를 최소화하고 신뢰도를 높였다.

AI는 물류 및 배송 과정에서 혁신을 이끄는 핵심 기술로 자리 잡고 있다. 예측 배송, 최적 경로 설정, 피킹 및 패킹 자동화, 드론 및 로봇 배송, 추적 및 모니터링 등 다양한 기술이 물류 산업을 새롭게 정의하고 있다. 국내외 주요 사례는 AI 기술이 물류 운영의 효율성을 극대화하고, 비용 절감과 고객 만족을 동시에 실현할 수 있음을 입증하고 있다.

08
AI 고객 경험

AI는 고객 경험 분야에서 챗봇, 음성 비서, 감정 분석, AR/VR 체험, 매장 안내 로봇 등 다양한 기술로 상호작용 방식을 혁신하고 있다. AI는 고객 데이터를 기반으로 개인화된 경험과 빠르고 정확한 서비스를 제공하며, 문제 해결 속도를 높여 고객 만족도와 충성도를 극대화한다. AI는 고객 경험의 미래를 정의하는 핵심 요소로 자리 잡고 있다.

AI와 한의학?

AI 기반 챗봇과 음성 비서를 통한 서비스

AI 기술은 고객 경험(Customer Experience) 분야에서 혁신을 이끌며, 고객과의 접점에서 상호작용 방식을 근본적으로 변화시키고 있다. 챗봇, 음성 비서, 감정 분석 시스템, AR/VR 체험, 매장 안내 로봇 등 다양한 AI 기술은 고객과의 커뮤니케이션을 강화하고, 개인화된 경험을 제공하며, 문제 해결 속도를 높임으로써 고객 만족도를 극대화하고 있다. 이러한 변화는 국내외 다양한 성공 사례를 통해 그 효과를 입증하고 있으며, 백화점과 같은 오프라인 매장의 체험형 서비스로까지 확대되고 있다.

AI 기반 챗봇은 고객 경험 혁신의 대표적인 사례로, 고객의 질문과 요청에 신속하게 응답하며 고객 서비스의 효율성을 높인다. 챗봇은 24시간 작동하며, 단순 반복적인 문의부터 복잡한 문제까지 폭넓은 요구를 처리할 수 있다. 아마존은 AI 기반 챗봇을 활용해 주문 상태 확인, 반품 절차 안내, 상품 추천 등의 서비스를 제공하며 고객 만족도를 크게 높였다. 국내에서도 카카오톡 기반 AI 챗봇은 다양한 기업들이 고객 상담에 활용하며, 빠르고 정확한 답변을 통해 고객의 대기 시간을 줄이고 있다. 스타벅스는 AI 챗봇을 통해 고객이 음료 주문을 간편하게 할 수 있도록 지원하며, 고객의 선호도와 주문 이력을 분석해 맞춤형 추천을 제공한다. 이러한 개인화된 상호작용은 고객 충성도를 강화하는 데 기여하고 있다. AI 챗봇은 자연어 처리 기술을 활용해 고객의 의도를 파악하고, 대화의 맥락을 이해하며, 보다 개인화된 응답을 제공한다. 카르푸는 오픈AI의 GPT-4 기술을 활용한 챗봇 호플라(Hopla)를 통해 고객 서비스와 쇼핑 경험을 혁신하고 있는데, 이 챗봇은 고객의 매장이나 상품에 대한 질문에 답변하는 것 외에도 고객의 예산, 식단 선호도 및 메뉴 아이디어에 따라 맞춤형 제품을 추천하며, 고객이 쉽게 쇼핑을 완료할 수 있도록 도와주고 있다. 호플라를 통해 제공된 맞춤형 제품 추천은 고객의 구매 전환율을 약 15% 증가시켰으며, 고객 만족도 향상을 통해 고객의 재방문율과 충성도 증가로 이어지는 결과를 얻었다.

음성 비서는 음성 인식과 자연어 처리 기술을 결합해 고객이 음성으로 간편하게 정보를 검색하고, 주문을 처리하며, 다양한 요청을 해결할 수 있도록 돕는다. 아마존의 음성 비서 알렉사(Alexa)는 고객이 음성을 통해 쇼핑, 음악 재생, 스마트 홈 제어 등을 실행할 수 있도록 지원한다. 알렉사는 고객의 명령을 처리하는 동시에 고객의 선호도 데이터를 학습해 개인화된 추천을 제공한다. 국내에서는 KT의 기가지니가 음성 비서 서비스를 제공하며, 고객이 TV 채널 변경, 음식 주문, 날씨 확인 등을 음성으로 간편하게 수행할 수 있도록 지원하고 있다. 특히 음성 비서는 고령자나 장애인과 같은 특정 사용자 그룹에도 큰 가치를 제공한다. 음성을 통해 복잡한 과정을 간소화하고, 기술 접근성을 높임으로써 고객 경험을 포괄적으로 개선하고 있다. LG유플러스는 시각 장애인을 대상으로 음성 기반 서비스와 연계한 AI 기술을 도입해 실질적인 도움을 제공하고 있다.

AI 기반 감정 분석 시스템은 고객의 음성, 텍스트, 표정을 분석해 감정을 파악하고, 이를 기반으로 적절한 응대를 제공한다. 일본의 ANA 항공은 고객 서비스 센터에서 감정 분석 기술을 활용해 고객의 음성 톤과 말을 분석해 감정을 파악하고, 화가 난 고객에게는 공감적인 응대를 제공하며 만족스러워하는 고객에게는 추가 서비스를 제안하는 방식으로 고객 만족도를 높였다. 국내에서는 SK텔레콤이 고객 콜센터에 AI 감정 분석 시스템을 도입해 상담원의 응대 방식을 실시간으로 조정하며, 고객 신뢰도를 높이고 있다. 감정 분석 기술은 소셜 미디어와 리뷰 데이터에서도 활용된다. AI는 고객 리뷰나 소셜 미디어에서 긍정적이거나 부정적인 피드백을 분석하고, 이를 기반으로 기업의 서비스와 상품을 개선한다. 코카콜라는 AI를 활용해 소셜 미디어에서 고객의 언급을 분석하고, 제품 개선과 마케팅 전략 수립에 반영하고 있다.

AR/VR을 통한 고객경험의 설계

AR과 VR은 고객이 물리적으로 제품을 체험하지 않아도 몰입형 경험을 제공해 구매 결정을 돕는다. 이러한 기술은 특히 백화점, 자동차 전시장, 가구 매장 등에서 고객경험을 개선하는 데 널리 활용되고 있다. 전 세계 가구업계의 절대 강자인 이케아의 이케아 플레이스(IKEA Place) 앱은 AI를 활용한 AR 기술을 통해 고객이 가구를 집에 가상으로 배치해 볼 수 있는 경험을 제공한다. 이 앱은 고객이 스마트폰을 사용해 자신의 공간에 이케아 제품을 배치해 보고, 제품이 실제로 어떻게 보일지 확인할 수 있게 한다. 이를 통해 고객의 구매 결정에서 불확실성이 줄어들어 반품률이 감소하고, 고객 만족도가 향상되었다. 실제로 AR 기술을 사용한 고객은 제품 반품의 14% 감소 효과를 보이고 있다. 또한 이케아는 크리에이티브(Kreativ)라는 솔루션을 별도로 제공하는데, 이것은 고객이 자신의 공간을 3D로 스캔하고 가구를 배치해 보는, 보다 전문화된 AI 기반 디자인 툴이다. 이 툴은 머신러닝과 3D 혼합 현실 기술을 결합해 고객이 가구를 배치하고 다양한 디자인 아이디어를 실험할 수 있도록 지원한다. 이 디자인 툴을 통해 고객 참여도가 30% 증가하고, AR을 통한 제품 체험으로 고객의 구매 전환율이 11% 증가했으며, 평균 주문 금액이 2% 증가되었다는 결과를 발표했다. 국내에서는 롯데백화점이 VR 기술을 활용해 고객들이 고급 패션 브랜드의 쇼를 가상으로 체험할 수 있는 공간을 마련해 관심을 끌고 있다. 패션 업계에서도 AR 기반 가상 피팅룸은 고객이 옷을 가상으로 입어 보며 자신에게 어울리는 스타일을 선택할 수 있도록 지원한다. 글로벌 브랜드 나이키는 AR 기술을 활용해 고객들이 발 크기와 신발의 핏을 정확히 측정하고, 최적의 신발을 추천받을 수 있도록 하고 있다. 온라인 패션으로 유명한 무신사 스탠다드도 AR 기술로 가상 피팅 서비스를 제공하며 고객 만족도를 높이고 있다.

AI 기반 매장 안내 로봇은 고객이 매장에서 필요한 정보를 빠르게 얻을 수 있도록 도와준다. 안내 로봇은 고객의 질문에 답하거나 매장 내 위치를 안내하며, 고객과의 상호작용을 통해 쇼핑 편의성을 높인다. 일본 도쿄의 한 백화점에서는 소프트뱅크의 로봇 페퍼(Pepper)가 고객 응대를 맡아 매장 내 상품 안내, 프로모션 정보 제공, 간단한 질문에 대한 답변 등을 수행하고 있다. 이 로봇은 다국어를 지원하며, 외국인 고객들에게도 큰 호응을 얻고 있다. 미국의 홈센터인 로우스(Lowe's)는 고객들이 매장에서 필요한 제품을 쉽게 찾을 수 있도록 돕는 자율형 이동 로봇인 로우봇(LoweBot)을 도입했다. 이 로봇은 고객의 요청에 따라 상품의 위치를 안내하고 현재 진행 중인 프로모션 정보를 제공하는데, 로우봇을 사용해 본 고객들은 쇼핑 시간을 단축하고 필요한 제품을 빠르게 찾을 수 있어 만족도가 매우 높아졌으며, 매장 직원들 또한 단순 문의 응대 대신 더 복잡한 고객 지원 업무에 집중할 수 있게 되어 업무 효율성이 20% 이상 향상되었다고 한다. 국내에서는 현대백화점이 AI 기반 로봇을 도입해 고객들에게 매장 정보를 제공하고, 특정 상품의 위치나 할인 행사 정보를 알려주며 쇼핑 경험을 혁신하고 있다. 또한 로봇은 고객의 선호도와 관심사를 학습해 맞춤형 서비스를 제공할 수 있다. 예를 들어 한 쇼핑몰에서 로봇은 고객이 즐겨 찾는 브랜드나 카테고리를 기억하고, 매장 방문 시 관련 정보를 우선적으로 안내한다. 이러한 맞춤형 상호작용은 고객 충성도를 높이고 쇼핑 만족도를 크게 향상시킨다.

AI는 고객 접점에서의 경험을 혁신적으로 변화시키고 있다. 챗봇, 음성 비서, 감정 분석 시스템, AR/VR 체험,

매장 안내 로봇 등 다양한 AI 기술은 고객과 상호작용을 강화하고, 고객이 원하는 것을 빠르고 정확하게 제공하며, 문제를 효율적으로 해결한다. 국내외 다양한 성공 사례는 이러한 기술이 고객 만족도를 크게 향상시키고 기업의 경쟁력을 강화하는 데 기여하고 있음을 보여 준다.

09
AI와 빅데이터

빅데이터는 유통 비즈니스에서 고객 데이터, SCM 데이터, 소셜 데이터를 활용해 전략적 의사 결정을 지원하고 효율성을 높이며 고객 만족을 극대화한다. 고객 데이터는 개인화된 서비스를 제공하고 브랜드 충성도를 강화하며, SCM 데이터는 재고 관리와 공급망 최적화를 통해 비용을 절감하고 운영 효율성을 높인다. 소셜 데이터는 소비자 트렌드 분석과 제품 개선에 활용된다. 빅데이터는 유통 기업의 경쟁력과 지속 가능한 성장을 위한 핵심 전략으로 자리 잡고 있다.

AI와 화장품?

유통 비즈니스를 위한 세 가지 빅데이터

빅데이터는 유통 비즈니스에서 수집하고 저장한 데이터를 분석하고 활용해 전략적 의사 결정을 지원하고, 효율성을 높이며, 고객 만족도를 극대화하는 데 핵심적인 역할을 한다. 유통에서 활용되는 빅데이터는 크게 세 가지로 나눌 수 있다. 첫째는 고객 관점에서의 고객 데이터, 둘째는 공급망 관리(SCM) 관점에서의 상품 및 판매 데이터, 셋째는 소셜 미디어와 웹 기반 고객 댓글 및 상품 평가 등을 포함한 소셜 데이터다. 이 세 가지 데이터는 각각 유통의 가치 사슬 내에서 중요한 역할을 하며, AI 기술과 결합할 때 그 효과는 더욱 극대화된다.

고객 데이터는 소비자와의 상호작용에서 생성되는 데이터를 말하며, 주로 고객의 구매 이력, 행동 패턴, 선호도, 관심사, 인구통계학적 정보 등을 포함한다. 이 데이터는 고객을 깊이 이해하고, 개인화된 서비스를 제공하며, 고객 만족도를 높이는 데 중요한 역할을 한다. 필자가 대형 마트의 마케팅 담당 임원으로 있던 2012년경 아마존의 마케팅 슬로건 중 하나가 "We Know You Better Than Yourself"였다. 번역하자면 "우리는 고객님보다도 더 고객님을 잘 알고 있습니다"라는 뜻이다. 처음 들을 땐 무슨 소리인가 싶었는데, 이는 엄청난 아마존의 역량과 차별성을 의미한다. 즉 아마존은 고객의 모든 정보와 데이터를 그동안 축적하고 분석해 고객이 무엇을 원하는지, 어떤 것에 반응하는지를 잘 알아서, 고객에게 더 좋은 상품과 서비스를 추천하고 제공할 수 있다는 뜻이다. 지금은 거의 모든 대형 유통 기업들에도 고객의 구매 및 행동 데이터를 저장하고 분석하는 것이 당연시되고 있지만, 10여 년 전에는 그렇지 않았다. 필자가 일하던 대형 마트에서도 고객이 구매한 상품의 데이터는 저장했지만, 온라인 몰에서의 고객 행동 데이터는 저장하기에는 양이 너무도 많아 지우고 있었다. 그런데 1억 명도 넘는 고객을 관리하던 아마존은 그 모든 데이터를 다 저장하고, 분석하고, 이를 통해 개인화 마케팅을 수행하고 있었던 것이다. 또한 고객 데이터를 활용하면 단순히 판매를 넘어 장기적인 관계를 구축할 수 있다. 고객이 자신이 특별히 고려되고 있다는 느낌을 받을 때 브랜드에 대한 충성도가 강화되며, 이는 반복 구매와 입소문 효과로 이어진다.

SCM 관점에서 빅데이터는 주로 상품의 재고, 판매 추이, 주문 내역, 물류 흐름 등과 관련된 데이터를 포함한다. 이러한 데이터는 유통의 운영 효율성을 극대화하고, 비용을 절감하며, 공급망 전반을 최적화하는 데 중요한 역할을 한다. 월마트는 SCM 데이터를 실시간으로 분석해 각 매장의 재고 상황과 판매 트렌드를 파악하고, 이를 기반으로 재고를 최적화한다. 예를 들어 특정 상품의 판매가 갑작스럽게 증가하는 경우 AI는 이를 감지하고 추가 주문을 통해 품절을 방지한다. 이 같은 실시간 데이터 분석은 고객이 원하는 상품을 적시에 제공하며, 운영 비용을 줄이는 데 기여한다. 국내에서도 GS리테일은 AI 기반 SCM 시스템을 통해 물류 센터와 매장 간의 상품 이동을 효율적으로 관리하고 있다. AI는 계절적 요인, 지역별 특성, 판매 데이터를 종합적으로 분석해 적시에 적합한 양의 상품을 배치하도록 돕는다. 그래서 여름철에는 음료와 냉방 용품, 겨울철에는 난방 기기와 같은 계절 상품이 각 지역의 수요를 반영해 배치된다. 또한 SCM 데이터는 프로모션 전략 수립에도 활용된다. 특정 상품이 과잉 재고로 인해 창고에 오래 머무를 경우, AI는 이를 파악하고 할인 이벤트를 제안해 판매를 촉진하고 재고 회전을 원활하게 한다. 이마트는 이러한 데이터를 기반으로 계절별 프로모션을 효과적으로 운영하며, 소비자와 공급망 모두를 만족시키는 결과를 얻고 있다. 일부 유통사에서는 이러한 SCM 데이터를 기반으로 상품 판매 및 재고 데이터 및 트렌드들을 분석해 매장에 상품을 납품하는 제조사들에 서비스를 제공하기도 한다. 제조사들은 유통 기업에 상품을 주기적으로 발주하는 발주 데이터와 납품 데이터는 파악할 수 있지만, 일자별, 시간별, 지역별, 매장별 등의 실제 판매 데이터는 유통사만의 고유의 데이터라서 알지 못한다. 제조사들이 이러한 데이터를 파악할 수 있으면, 상품 제조 및 물류, 공급망 관리 등의 효율을 높일 수 있다. 그래서 때로는 비싼 추가 비용을 지불하고서라도 유통사와 유통사가 가지고 있는 SCM 빅데이터에 대한 협력 및 파트너 관계를 맺는다.

소셜 데이터는 소비자들이 SNS, 리뷰 사이트, 전자 상거래 플랫폼 등을 통해 남긴 댓글, 평가, 리뷰 등의 데이터를 포함한다. 이 데이터는 소비자들의 솔직한 의견과 감정을 담고 있어, 제품과 서비스의 개선, 소비자 트렌드 분석, 브랜드 이미지 관리에 중요한 자산으로 활용된다. 전 세계 브랜드 순위 최상위권을 늘 차지하고 있는 코카콜라는 소셜 데이터를 활용해 전 세계 소비자들이 브랜드에 대해 언급한 내용을 분석하고, 이를 바탕으로 마케팅 전략을 상세하게 수립한다. AI는 긍정적인 언급과 부정적인 피드백을 자동으로 분류하고, 부정적인 의견이 많아지는 시점을 사전에 감지해 즉각적인 대응을 가능하게 한다. 특정 제품에 대한 부정적 리뷰가 증가할 경우, 코카콜라는 이를 기반으로 제품 품질을 개선하거나 새로운 프로모션을 제안한다. 국내에서는 쿠팡이 고객 리뷰 데이터를 활용해 상품 품질을 모니터링하고, 고객 만족도를 높이는 데 활용하고 있다. 고객 리뷰에서 특정 상품에 대한 반복적인 불만이 발견되면, 이를 기반으로 판매 정책을 조정하거나 공급업체와 협력해 문제를 해결한다. 네이버의 스마트스토어 또한 리뷰와 평점을 분석해 판매자들에게 피드백을 제공하고, 상품의 순위를 조정함으로써 소비자와 판매자 간의 신뢰를 강화하고 있다. 소셜 데이터는 또한 신제품 개발과 트렌드 분석에 활용된다. SPA 패션 브랜드 자라는 소셜 미디어 데이터를 분석해 소비자들이 선호하는 색상, 스타일, 패턴 등을 파악하고, 이를 신제품 디자인에 실시간으로 반영한다. 이는 신상품의 성공 가능성을 높이고, 소비자들의 요구를 충족함으로써 시장 점유율을 확대하는 데 기여한다.

빅데이터 활용을 위한 역량과 인프라

현대 유통 기업은 고객, 상품, 그리고 소셜 미디어에서 생성되는 방대한 데이터를 기반으로 경쟁력을 강화하고 있다. 하지만 고객 데이터, SCM 데이터, 소셜 빅데이터를 효과적으로 수집, 저장, 가공, 분석하며 이를 AI 기술에 활용하기 위해서는 고도화된 데이터 인프라와 플랫폼, 전문 역량이 필수적이다. 유통 기업은 데이터의 양과 다양성이 폭발적으로 증가하는 환경에 적응하기 위해 확장 가능한 저장 인프라를 갖추어야 한다. 대용량 데이터를 효율적으로 저장하고 접근성을 높이기 위해 클라우드 기반 스토리지를 활용해야 하며, 정형 및 비정형 데이터를 모두 저장할 수 있는 데이터 레이크(Data Lake)를 구축해야 한다. 또한 고객 행동 데이터나 소셜 미디어 데이터를 실시간으로 수집하고 저장할 수 있는 스트리밍 플랫폼도 중요하다. 수집된 데이터를 활용 가능하게 가공하고, 이를 통해 유의미한 인사이트를 도출하기 위한 분석 환경도 필수적이다. 고객, 상품, 소셜 데이터를 통합 관리하고 정제를 자동화하는 데이터 통합 플랫폼과 대규모 데이터를 처리할 수 있는 빅데이터 분석 도구가 필요하다. 분석 결과를 직관적으로 제공하는 시각화 도구는 데이터를 기반으로 한 빠르고 정확한 의사 결정을 지원한다.

AI를 활용해 데이터를 분석하고 예측 모델을 만드는 것은 데이터의 가치를 극대화하는 핵심이다. 데이터 전처리부터 모델 배포까지 통합적으로 지원하는 머신러닝 플랫폼을 통해 개인화 추천, 마케팅 자동화, 수요 예측 등의 서비스를 구현할 수 있어야 한다. 또한 상품 데이터와 AI를 활용해 실시간 수요 변화에 따라 재고를 자동 조정하고 공급망의 효율성을 극대화할 수 있는 자율적 SCM 운영도 가능해야 한다. 데이터를 효과적으로 다루고 활용하기 위해서는 전문 인력의 역량 강화가 필수적이다. 데이터 과학자, 데이터 엔지니어, AI 전문가 등 빅데이터와 AI를 전문적으로 다룰 수 있는 인재를 확보해야 하며, 분석 결과를 실제 비즈니스 의사 결정과 연결할 수 있는 데이터 리터러시(Data Literacy)를 기업 조직 전반에 확산해야 한다. 최신 기술 트렌드에 대응하기 위해 내부 교육 프로그램 및 외부 협력을 강화하는 노력도 필요하다.

앞에서 언급한 대로 유통 기업이 빅데이터를 효과적으로 활용하기 위해서는 클라우드 기반의 저장 인프라, 통합 데이터 분석 플랫폼, AI 활용 역량, 그리고 전문 인재가 조화를 이뤄야 한다. 이를 통해 고객의 니즈를 정확히 예측하고, 공급망을 효율화하며, 소셜 데이터를 기반으로 한 트렌드 분석에서 경쟁 우위를 확보할 수 있다. 빅데이터 활용은 유통 기업이 미래 시장에서 생존하고 성장하기 위한 필수 전략이다.

10

AI와 유통 비즈니스 윤리

AI는 유통 비즈니스에서 혁신을 이끌지만, 개인정보 침해, 편향된 의사 결정, 기술 남용, 책임 소재 불명확성과 같은 법적 · 윤리적 과제를 동반한다. 이미 활성화된 AI의 활용에서 많은 부작용이 발생하고 있다. 이를 해결하기 위해 데이터 보호와 투명성 강화, 공정성 검증, 책임 체계 구축이 필요하다. 유통 업계는 AI의 잠재적 위험을 인지하고 윤리적 활용과 소비자 신뢰를 바탕으로 지속 가능한 성장을 도모해야 한다.

종교와 AI?

AI 활용의 법적 및 윤리적 부작용

딥러닝을 처음으로 개발해 '딥러닝의 아버지'로 알려진 제프리 힌턴 토론토대 교수는 최근 AI 기술의 급속한 발전이 인류에게 심각한 위협이 될 수 있다고 경고했다. 힌턴 교수는 AI 기술의 발전 속도가 예상보다 훨씬 빠르며, 향후 30년 이내에 인류 멸종 가능성이 10%에서 20%에 이를 수 있다고 우려했다. 그는 인류가 자신들보다 더 지능적인 존재를 상대해 본 적이 없으며, 이러한 상황에서 인간은 세 살짜리 아이처럼 무력해질 수 있다고 비유했다. 또한 힌턴 교수는 AI 기술의 안전성을 확보하기 위해 정부의 규제가 필요하다고 강조했다. 그는 이윤 추구에 집중하는 대기업에만 AI 개발을 맡기는 것은 부적절하며, 정부가 개입해 안전 연구를 강제하는 규제를 도입해야 한다고 주장했다. 이러한 경고는 AI 기술의 발전이 인류의 존속에 잠재적 위험을 초래할 수 있음을 시사하며, 기술 개발과 함께 윤리적이고 안전한 활용 방안에 대한 심도 있는 논의와 규제가 필요함을 강조하고 있다. AI는 모든 산업계에 엄청난 영향을 미치고 있지만, 의식주 등 우리 모두의 일상적이고 기본적인 삶에 밀접하게 연관되어 있는 유통 비즈니스에 특히 더 혁신적인 변화를 가져옴과 동시에 엄청난 법적, 윤리적 이슈를 제기하고 있다. 이러한 법적, 윤리적 문제들은 기업의 신뢰와 지속 가능성에 심각한 영향을 미칠 수 있다. 데이터 프라이버시 침해, 의사 결정의 불투명성, 기술 남용, 책임 소재의 불명확성은 특히 주목해야 할 주요 과제들이다. 이러한 문제를 이해하기 위해 실제 사례를 기반으로 위험 요소와 발생 가능한 시나리오를 구체적으로 살펴보고, 이를 해결하기 위한 방안까지 논의할 필요가 있다.

AI 기술이 데이터를 수집하고 분석하는 과정에서 개인정보 유출 및 프라이버시 침해 문제가 발생할 가능성은 매우 높다. 미국의 소매 업체 타깃(Target)의 사례는 이를 잘 보여 준다. 타깃은 고객의 구매 데이터를 분석해 특정 고객이 임신했음을 파악하고, 이를 바탕으로 임신 관련 추천 상품 쿠폰을 발송했다. 문제는 그 대상이 16세 소녀였다는 점이며, 가족들이 이를 통해 임신 사실을 알게 되면서 프라이버시 침해 논란이 발생했다. 이는 AI가 데이터를 분석하는 과정에서 의도하지 않게 민감한 정보를 노출할 수 있다는 위험성을 보여 준다. 아마존의 인공지능 음성 비서인 알렉사의 사례도 AI 기술이 사용자 데이터를 수집하고 분석하는 과정에서 발생할 수 있는 프라이버시 침해 문제를 잘 보여 준다. 알렉사는 사용자의 음성 명령을 인식하고 이에 대한 반응을 제공하며,

이를 통해 사용자 경험을 지속적으로 개선하는 데 중점을 둔다. 알렉사는 음성 명령을 분석해 기능을 개선하기 위해 일부 데이터를 저장하고 이를 아마존 직원들이 검토하는 프로세스를 포함하고 있다. 시스템 정확성을 높이고 새로운 기능을 개발하기 위해 이 프로세스가 필요하다는 것이 아마존 측의 입장이다. 그러나 2019년에 이 사실이 언론을 통해 알려지면서 사용자들은 자신도 모르게 모든 대화 내용을 제3자가 청취하고 있다는 점에 충격을 받았다. 더 나아가 알렉사의 음성 데이터는 사용자가 의도하지 않았던 민감한 정보를 포함할 가능성이 높다. 예를 들어 가족 간의 사적 대화, 금융 정보, 또는 의료와 관련된 정보가 무의식적으로 기록될 수 있다. 이러한 데이터가 회사 내부에서 처리되는 과정에서 보안 문제나 프라이버시 침해가 발생할 위험성은 상당히 크다. 실제로 일부 직원이 음성 데이터를 부적절하게 사용하거나 외부로 유출할 가능성도 배제할 수 없다.

AI 기반 의사 결정의 불투명성 역시 심각한 문제다. 아마존은 AI를 활용한 가격 책정 시스템에서 지역별로 다른 가격을 책정해 논란을 빚은 바 있다. 동일한 상품에 대해 일부 지역에서는 더 높은 가격이 책정되었으며, 그 기준이 공개되지 않아 소비자 불만을 초래했다. 이러한 상황은 AI 의사 결정의 알고리즘이 공정성과 투명성을 담보하지 못할 경우 발생하는 문제를 잘 보여 준다. 유통 기업이 AI 추천 알고리즘을 통해 특정 브랜드 제품만을 과도하게 노출하거나 광고료를 지불한 브랜드를 우선 추천한다면, 이는 소비자의 선택권을 제한하고 불공정한 경쟁 환경을 조성할 가능성이 있다. 결과적으로 기업의 신뢰와 공정성에 부정적인 영향을 미칠 수 있다.

AI의 편향성과 기술 남용 이슈

AI 기반 채용 시스템의 편향성 문제도 유통 업계를 포함한 다양한 산업에서 중요한 이슈로 부각되고 있다. 아마존은 2014년부터 인공지능을 활용한 채용 시스템을 개발해 지원자들의 이력서를 자동으로 평가하고자 했다. 그러나 2018년, 이 시스템이 여성 지원자들에게 불리하게 작용한다는 사실이 밝혀졌다. 이는 AI가 과거 10년간의 채용 데이터를 학습하는 과정에서, 남성 지원자들이 주로 채용된 패턴을 그대로 학습했기 때문이다. 그 결과 '여성 체스 동아리'와 같이 '여성'이라는 단어가 포함된 이력서는 자동으로 감점되었으며, 여성 졸업생들의 평가 점수도 낮게 책정되었다. 이러한 사례는 AI 시스템이 학습하는 데이터의 편향성이 그대로 결과에 반영될 수 있음을 보여 준다.

AI 기술의 과도한 활용은 윤리적 문제를 동반하기도 한다. 중국의 일부 소매 매장에서는 AI 기반 얼굴 인식 기술을 통해 고객의 감정을 분석하고, 이를 바탕으로 상품 추천을 제공하려 했다. 하지만 많은 고객이 자신의 얼굴 데이터가 어디에 사용되는지 명확히 알지 못한 채 감시받는 느낌을 받았다고 밝혔다. 이는 기술 남용이 소비자의 프라이버시를 침해하고 불편함을 초래할 수 있음을 보여 주는 사례다. AI 기반 얼굴 인식 기술의 과도한 활용이 프라이버시 침해 논란을 일으킨 사례로, 미국의 스타트업 클리어뷰 AI(Clearview AI)가 있다. 이 회사는 소셜 미디어와 웹사이트에서 동의 없이 수집한 100억 개 이상의 얼굴 이미지를 데이터베이스화해, 특정 인물의 얼굴 사진만으로도 신원을 파악할 수 있는 안면 인식 솔루션을 개발했다. 클리어뷰 AI의 기술은 미국의 여러 사법기관에서 범죄자 신원 파악 등에 활용되었지만, 개인의 동의 없이 얼굴 이미지를 수집하고 사용한 점에서 심각한 프라이버시 침해 논란을 불러일으켰다. 이에 따라 영국의 정보위원회(ICO)는 클리어뷰 AI가 영국 국민의 프라이버시를 침해했다며 750만 파운드(약 120억 원)의 벌금을 부과하고, 영국 내에서의 개인정보 처리를 금지하는 조치를 취했다. 이 사례는 AI 기술의 무분별한 활용이 개인의 프라이버시를 심각하게 침해할 수 있음을 보여 준다. 하지만 수많은 고객들이 드나드는 유통 매장에서 고객의 얼굴을 인식하고 차별화된 서비스를 제공할 수 있다면 이는 매우 혁신적인 고객 경험이 될 것이다. 어떻게 이러한 법적, 윤리적 이슈를 파하면서도 혁신적인 AI를 통한 고객 경험을 제공할 것인가는 크나큰 숙제다.

AI 시스템의 잘못된 예측이나 결정으로 인한 책임 소재 문제도 여전히 해결되지 않은 과제다. 미국의 한 대형 유통 업체에서 AI 기반 재고 관리 시스템이 오작동해 특정 품목이 과도하게 주문된 사례가 있다. 이로 인해 대규모 재고 손실이 발생했으며, 책임 소재를 두고 AI 시스템 개발사와 유통 업체 간의 갈등이 벌어졌다. 이러한 사례는 기술적 오류로 인해 발생한 문제에 대해 누가 책임을 져야 하는지 명확히 규정하지 않는다면, 법적 분쟁과 기업 이미지 손상이 뒤따를 수 있음을 보여 준다. 무인 매장에서 AI가 고객 프로파일을 잘못 생성해 부적절한 상품을 추천하거나 결제를 잘못 처리한다면, 소비자 피해에 대한 책임 소재가 모호해질 가능성이 있다. 이는 기술 개발 초기 단계에서부터 명확한 책임 체계를 마련해야 하는 이유를 잘 보여 준다. 이러한 법적, 윤리적 문제를 해결하기 위해서는 몇 가지 전략적 접근이 필요하다. 먼저 데이터 보호와 투명성을 강화해야 한다. 데이터 수집과 활용 과정에서 소비자의 동의를 명확히 받고, 데이터 활용 목적과 범위를 투명하게 공개해야 한다. AI 의사 결정 알고리즘의 공정성을 검증하고, 그 결과가 차별적이거나 편향되지 않도록 정기적인 점검이 필요하다. 또한 AI 시스템이 소비자 데이터를 처리하거나 행동을 분석할 때 윤리적 기준을 엄격히 적용해야 하며, 소비자가 자신의 데이터 활용 방식에 대해 통제권을 가질 수 있도록 해야 한다. 더불어 기업과 AI 개발사 간의 책임 소재를 명확히 규정하고, AI의 잘못된 결정으로 인한 피해를 최소화할 수 있는 보상 체계를 마련하는 것도 중요하다.

유통 산업에서 AI 기술은 필수적인 도구로 자리 잡고 있지만, 이러한 법적, 윤리적 이슈는 단순히 기술의 문제를 넘어 기업의 사회적 책임과도 직결된다. 제프리 힌턴 교수의 경고처럼 AI 기술이 인류에 이익을 가져다주는 동시에 심각한 위협이 될 수 있다는 점을 기억해야 한다. AI 기술을 책임감 있게 활용하고 윤리적 기준과 법적 규제를 준수함으로써 소비자 신뢰를 유지하고 지속 가능한 성장을 이루는 것이 특히 고객들의 삶에 가장 밀접하게 관여되고 있는 유통 기업의 매우 중요한 과제다.

장중호

서울과학종합대학원대학교, AI 공학대학원 교수다. 연세대학교에서 전자공학과를 졸업하고, 미국 텍사스A&M대학교에서 인공지능으로 컴퓨터공학 박사 학위를 받았다. 한국으로 돌아와 미국계 경영컨설팅회사인 PwC, 딜로이트컨설팅 등에서 전략컨설팅을 하다가, 이마트 마케팅담당(상무), GS홈쇼핑 마케팅부문장(상무), 홈플러스 마케팅부문장 겸 경영전략실장(전무) 등 10여 년 동안 다양한 유통사에서 마케팅 임원 생활을 했다. 지금은 AI 시대를 맞아 대학원에서 인공지능을 가르치며, 특히 유통 비즈니스에 AI를 접목하기 위한 연구와 활동을 활발히 하고 있다. 저서로는 『마케터가 알아야 할 21가지 이야기』, 『나는 디자인으로 승부를 건다』, 『직장생활의 품격』, 『세상을 바꾸는 힘, 절실함』 등이 있다.